不抱怨的人生才有无限可能

HAPPY STORIES！

［美］威尔·鲍温
Will Bowen / 著
张永英 / 译

CNS PUBLISHING & MEDIA 湖南文艺出版社 HUNAN LITERATURE AND ART PUBLISHING HOUSE

CS-BOOKY

献词

谨以此书献给马蒂——你是我的生命，你我同呼吸。

致谢

感谢每一位愿意与我们分享快乐故事和生活智慧的人。你们是灿烂的阳光，照亮这世界的黑暗。

感谢珍妮·贝塞拉。珍妮是我见过的最快乐的人，一直在我身边不知疲倦地工作，对本书中的每位主人公进行联络、采访、组织、协调。她的努力和贡献弥足珍贵。

感谢我的好友兼经纪人及合作伙伴史蒂夫·亨塞尔曼。我们携手共进，继续为世界成就美好。

Happy Stories!

不抱怨的人生，
才有无限可能

目录

CONTENTS

CONTENTS

前言 不抱怨的人生，才有无限可能

一帆风顺的生活并非一定幸福，而克服困难后所获得的生活才最快乐。

——海伦·凯勒

欢迎来到快乐王国！

三年前，我踏上冒险的旅程——试图揭开快乐的神秘面纱。

最后我发现，所谓快乐不过是我们思考、说话和做事的方式所带来的结果。三者合一形成了我们的习惯、性格和命运。我们至高的命运便是快乐。

《你可以幸福！》一经出版，数月之内便在全球畅销近十万本。根据《你可以幸福！》课程开发的 HappyStat 应用程序已在网上销售，可供智能手机或其他设备下载。我们的网址为：www.happystoriesbook.com。

《不抱怨的人生，才有无限可能》是一本故事集，收录了寻找快乐的真人真事。

在本书中，你会遇到为人父母者、商务人士、企业家、在校学生、退休老人、建筑工人、非营利组织董事、瑜伽老师、高中校长、全职妈妈、工匠及其他各行各业的人——他们拥有两个共同点：

1. 他们非常快乐。

2. 他们的快乐给他人带来了深远影响，有人提议把他们的故事纳入本系列。

我根据大家的推荐开始采访这些快乐的人。起初我一直很好奇，他们如此乐观向上是否只是因为他们从未经受重大困难和挑战、从未体会过生活的残酷和艰辛。

然而我却发现很多时候事实正好相反。本书中每个故事的主人公都不曾拥有舒适惬意的田园生活。更有甚者，他们往往经受了更多的苦难。

我邀请他们每个人分享自己关于快乐的建议，每篇故事之后你会读到他们的评论。也许你会在所有故事中发现某些共同的主题，其中一点我们已经在前面讨论过：

万事无忧的人并不一定快乐，

敢于直面困难并决心攻克难关的人才能得到快乐。

你会看到，这些快乐的人几乎都经历过某种重大困难。他们不但没有逃避困难或沉湎于痛苦之中，而且还下定决心接受现状继续前行。

所有故事中蕴含的另一个主题是：

快乐的人总以为自己很快乐。

我们收到提名后，就会致电被提名人，解释一番用意后就会询问他们是否快乐。无一例外，快乐的人总是自然并且自信地说自己快乐。他们的回答通常是：

“当然快乐！”

“我吗？我很快乐！”

“是的，我很快乐。我选择快乐，所以快乐。”

…………

这些话道出了另一个共同的主题：

快乐的人选择快乐。

毫无例外，每一个快乐的人都有意识地选择快乐的生活。无论经受怎样的困难和挑战，他们都决心掌控自己的快乐，而不是任由他人主宰或任由生活环境支配。

加入快乐的行列并不困难，快乐的人总是乐于扩大快乐的阵营。你只需转变自己的思维方式，用快乐的眼光看待生活，接受生活中兴奋不已的发现和痛苦不堪的经历。

本书提到的快乐人物不仅能为大家带来鼓舞和启发，他们还是破译快乐密码的伟大导师。他们愿意分享自己的心得，并为此兴奋不已。

追随他们的脚步，也许有一天就会有人推荐你为光辉的榜样，因为你过着真正快乐幸福的生活。

若想更多了解本书中出现的人物或查看他们的照片，请访问我们的网址 www.happystoriesbook.com，你也可以推荐你身边快乐的人、了解更多快乐的内涵、免费下载 HappyStat 手机应用软件，或与我联系。

祝你找到自己的快乐和幸福！

威尔·鲍温

电子邮箱地址：Will@happystoriesbook.com

第一章 活着就是为了快乐

生命的目的在于寻找目的所在，并全心全意去实现。

不抱怨的人生，才有无限可能

帕特里克·斯特伦查克

一路大笑，一路快乐

Happy Stories!

不抱怨的人生，
才有无限可能

来自美国中西部的他在分享笑声中寻找快乐的力量。

决不能只待开心后才笑。

——让·德·拉布吕耶尔

深蓝色的货车平稳滑进空车位停了下来，驾驶座上的他深吸一口气，关上车灯却没有熄灭引擎。车厢里的两个人安静地坐在黑暗中。

“你确定就是这个地方吗？”他问。

“应该是的。”她回答，却不安地四处张望。

地点的选择并非随意为之。蓄谋已久。一切都经过谨慎严苛的预选计划，以确保产生最大的影响——市中心繁华的杂货店，下班后的购物高峰期。

“你看到其他团队成员了吗？”她紧张地问。

“不清楚，”他回答说，“这个地方到处都是人。”

一位女士推着满满的购物车走过。她年幼的儿子紧紧抓住购物车的前端，身体来回摇动，哼着最近上映的迪斯尼电影的主题曲，微风抚弄着他金黄色的头发。小男孩看着货车绽开了笑容，车里的两个人移开目光，稳稳坐着不动，尽量不去引起他人的注意。

“我们确定要这么做吗？”他低语道。

“我什么也不能确定，”她回答说，“你可以退出，我肯定要参与。”

如果店里购物的人有心去查看一下日历，也许就不会因为接下来发生的事情而感到惊讶了。那一天的重要意义尽人皆知，然而，事情往往在回顾时才变得显而易见。

“我们走吧。”他一边说，一边打开车门。她跳下车，走在他身边，紧跟着他，但又不能靠得太近。他们假装成普通的顾客，在回家的路上停下来买点儿食品。计划要求他们暗中行事，所以他们尽量混迹在人群中。

两人一走进商店，就看到带头人站在结账队伍中装模作样地看杂志。看到带头人后他们心中想起了一定完成使命的承诺，但不确定性却越来越大。时针随时会指向下午六点钟，届时会有广播通知，紧接着就会发生爆炸——这场爆炸将关系到数百人的生命。

他们走到自己指定的位置，其他同伴也已经各就各位。他们假装在货架上寻找自己想要的食品。

几秒钟后，商店的广播系统响了起来。他们听到让他们采取行动的通知，于是按照之前的训练，释放了——笑声。整整 15 分钟，占据商店各个战略位置的志愿者们爆发出阵阵大笑声。

很快，旁观者也笑了起来。一个，两个，最后所有人都加入了大笑的阵营。商店经理大笑不止，笑得面红耳赤，眼泪顺着脸颊流下来，他伸出臂膀随意拥抱店里的顾客。

大笑快闪行动成功地让人们暂时忘记烦恼，感受笑声中蕴含的催生快乐的力量。

这次大笑快闪行动的创始人是大笑瑜伽认证讲师帕特里克·斯特伦查克，这一天是世界爱笑日前的星期一。世界爱笑日创立于1998年的印度孟买，定于每年5月的第一个星期日。

虽然位置分布有致的大笑瑜伽修行者们引起笑声一片，回荡在美国艾奥瓦州迪比克市的海威超市，然而他们的意图并非是引发笑声。帕特里克说："我们不是为了让别人跟我们一起笑，而是用笑声去熏陶、滋养其他人。"

他们的目的达到了。有的顾客走过来感谢帕特里克，其中有一位老师说："非常感谢！今天我在学校里度过了非常紧张的一天，而现在我感到很轻松——真的很感谢你们！"

大笑瑜伽是由印度的马丹·卡塔利亚（Madan Kataria）博士创立的，多年后他又创建了世界爱笑日。那时卡塔利亚博士正在为知名的医学期刊撰写关于笑声治疗的文章，撰写途中却出现了严重的创作障碍，让他备感受挫，甚至陷入失眠之苦。

又一个不眠之夜后，卡塔利亚博士漫无目的地穿行在家乡孟买的大街上，欣赏清晨的曙光。最后他来到城市公园，与不期而遇的陌生人讨论大笑与心理健康之间的联系。

其中五个人领悟到卡塔利亚博士工作的精髓，开始聚在一起讲笑话。很快这群人大笑起来，他们都觉得笑话和大笑让自己更加快乐，于是约定第二天早上在公园再碰面。

几周过后这个团体发展到将近50人，而转变也悄然发生。聚在一起的人们逐渐熟悉起来，他们开始变得低俗而麻木。有几个人告诉卡塔利亚博士他们觉得越来越不舒服，不想再来参加清晨的大笑盛会。

第二天，卡塔利亚博士建议人们不用讲笑话，而是直接看着他人的眼睛开始笑。起初笑声很勉强也很犹豫，但很快就变成了真挚而极具感染力的大笑。每个人离开的时候都感到愉悦快乐，卡塔利亚博士知道自己有了重大发现——这特殊的重大发现如今已传遍全世界。

帕特里克解释说："有人称之为假笑，但我不认同这种说法。笑声并不假，只是有意为之。笑声是真心的，只是笑之前没有讲笑话也没有其他刺激因素。这只是为笑而笑，却能提升快乐，因为大笑能够降低血压、深化呼吸、释放更多内啡肽进入血管。"

帕特里克在迪比克市颇具名望。他自称顽童，帮助人们放松心情，更加享受生活。他是那种一进房间就会引起他人注意的人，这并不是因为他留着小胡子、长头发，也不是因为他喜欢披着长长的流苏披肩，而是因为他全身上下充满快乐而积极的能量。当他看着你的眼睛时，你会感到自己的心境发生了变化，你不再觉得生活是无尽的斗争，而是一场喜剧，你只需去品味和欣赏，而无须过于认真。

瑜伽，无论是大笑瑜伽还是其他类型的瑜伽，都是一种修行。信奉瑜伽的人提及瑜伽健身总会说是在修行，因为修习瑜伽需要不断进行调整，不断追寻提升和扩展。对于快乐而言也是如此。

以下是帕特里克提出的三条建议，只要持之以恒加以修习，一定能提升你的快乐境界。

1. 为自己补充能量。很多人下午过半会感到缺乏能量，他们会吃些点心或喝点儿能量饮料来补充体力。帕特里克提醒我们，身体具有巨大的能量储备，我们可以通过大笑调动能量。

不妨做个计划表，每天下午两点钟为自己补充能量。首先，刻意大笑30秒。也许一开始你会觉得有些勉强和尴尬，但一定要坚持下去。然后，缓慢悠长地深呼吸60秒。

整个过程重复三到五次。你会发现自己感到更轻松、更快乐、精力更充沛，这种感觉会持续数小时。

2. 对人邀请而非约束。我们对他人的期望会造成情感的极大消耗。如果我们要求他人做什么，更有甚者坚信他人应该做什么，就会给我们自己带来极大的压力。而他人明知道我们的热望和期待，却可能更倾向于背道而驰。

相反，应该将你对他人的期望视为一种邀请，他们有权利选择接受或拒绝。当然，如果你是老板，或是想保护孩子安全的父母，就必须定下界限和基本原则。他人不应受到你期望的束缚，他们有权随心而为、随意生活。

帕特里克说，每当与人相处，他总是在脑海中一遍一遍地吟诵："对人邀请而非约束。"

3. 任何感激之情都不是虚夸。很多人不快乐，是因为他们觉得自己没有得到赏识，然而我们的文化中却盛行一种对他人感激之情的蔑视。也许你与大多数人一样，习惯于刻意回避他人的欣赏和感激。

如果别人夸赞你，就接受他们的赞誉——深刻领会，告诉自己应得这样的赞誉。帕特里克说：“我发现人们总是为自己的出色致歉！我爸爸曾说：‘平庸往往憎恨伟大。’也许你的伟大会让一些人恼怒，但也会让他们思考：‘我也能做到。’”

据帕奇·亚当斯——罗宾·威廉姆斯所主演的电影《亚当医生》的原型所说，小孩子平均每天会笑 400 次，而大人每天只笑 17 次。我们慢慢长大，逐渐失去了童年充沛的快乐。只要你遵循帕特里克的建议，就会重新寻回儿时的快乐，每一天都快乐幸福地生活。

本·康利

以快乐为脚，不断前行

车祸中瘫痪的少年不言放弃，
快乐生活，书写成功励志人生。

有些人走路时可以充分利用身体的各个部位，却比我更残疾。

——克里斯托弗·里夫（电影《超人》中“超人”的扮演者）

1976年8月26日，星期四早上六点二十七分。

嘭！嘭！嘭！

“你听到了吗？”本问道。

嘭！嘭！

“听到了。”戴尔很不高兴地回应着。他趴在方向盘上，眯起眼睛看着前方的浓雾。

“这是一块停车标志。”本接着说，“听到了吗？就在这边的车窗外，我用手拍几下。”嘭！嘭！

“那又怎样？”戴尔愤愤地说。

“这说明我们目前在十字路口，穿过这条路就上了224号公路，一路下去我们就能到达工地。”本一边说，一边继续用右掌拍打着停车标志。

“可是我什么也看不见，”戴尔咕哝道，“雾太大，就连你拍的那块该死的牌子我都看不到——喂，别再拍那个鬼东西了行不行！”

“哦……看来有人心情不好啊。”本又使劲拍了一下标志牌。

“你怎么了？”本讽刺地问，“昨天晚上睡得不够美，还是生气没搭上上班的车？”

戴尔没理会本的讽刺，他深深吸了一口气，轻踩油门，皮卡（小型轻便货车）慢慢滑向十字路口。

戴尔看了一下左边，又看了一下右边，保险起见，他又朝左边看了一眼。

“搞什么……”他大喊道。两秒之前左边还空空如也，而现在却有两个硕大的银白色圆球从浓雾中钻了出来，照着他的眼睛，快速逼近。喇叭声骤然响起，震得他们在座位上摇晃不止。

“天啊！”戴尔尖叫着拼命踩油门。

然而为时已晚。18 轮巨型货车猛然撞上小皮卡，小皮卡旋转着飞起来，落到田地上后还在一圈一圈不停地旋转。剧烈的冲击力带动戴尔和本在车厢里像乐透球一样滚来滚去。

本顿时失去知觉，醒过来后，低头看到自己身上溅满鲜血——戴尔的血。随后他的大脑再次停止运转。

本再一次苏醒过来，却不确定自己是否清醒，他觉得自己依然漂浮在梦境里。他听到尖锐的电钻声，抬头看到父亲的眼睛。

我睡了多久？他心里想，爸爸看上去老了 20 岁。

“医生正在你头上钻洞，给你做牵引。”本的父亲爱抚着他的脸颊说。

“戴尔呢？”本的声音有些嘶哑。

“他没什么事。”

眩晕的感觉再次袭来，本又沉睡过去。

那年夏天本刚满 15 岁。他的父亲很为他骄傲，就给了他人生的第一份工作，让他去自己的建筑公司上班。本和父亲的关系不只是父子，还是好朋友、好哥们儿。本很高兴能为父亲工作，也很喜欢与其他工人混在一起，虽然他们都比自己年长许多。

戴尔比本大了 16 岁，可是与戴尔这样的粗犷汉子在一起，本觉得自己特别像个男人。而本的父亲也处处强化儿子的成年意识，交给他任务也让他承担责任。父亲从来不会因为自己是公司老板就对儿子特殊优待。

那天清早，本的父亲本尼·康利二世吩咐他说：“今天早上把这些工具运到工地，我们明天好开工。”

“我们明天可以直接带过去。”本不屑地说。

“不行，”本尼强硬地回答，“必须今天送过去。”然后又挖苦地说：“你也知道今天是发薪日，对吧？我可不想因为你不服从安排而炒你鱿鱼。”

正是因为本尼的督促和小小威胁，那天早上本和戴尔才会驾驶着皮卡出现在大雾弥漫的十字路口。正是因为本尼坚持完成手头的工作，好确保建筑工程进度，才让他的儿子躺在医院的病床上。

本尼的悲伤和悔恨无法释怀，他一遍一遍地说：“都是我的错。”

“你的情况一般称为刽子手式骨折，”本终于清醒后医生解释说，

"你脊椎的 C2/C3 处遭受不完全性损伤。这个地方正好是刽子手对死囚行刑时选择的下刀处，砍断后就破坏了通往肺部、心脏和其他重要器官的神经通道，囚犯会很快死去。"

医生顿了顿，问有没有什么问题。没有人应答。

本尼默默地坐在那里听着，沉重的愧疚感把他压在椅子上。

"不过，"医生接着说，"你的脊椎并没完全断裂，所以我们称为不完全性损伤。说起来，你算是非常幸运的。"

本可不觉得自己很幸运。

"你还能呼吸，"医生说，"这是好的迹象。"

"医生，我什么时候能走路？"本问。

"很难说。"医生回答，看到本和父亲脸上的绝望表情他又补充说，"孩子，你听我说，你要努力康复，知道吗？如果你的脚趾能动了，我就会告诉你什么时候能下地走路。"

两个月后，护士把本放进轮椅，推着他在阿克伦综合医疗中心的庭院里转了几圈。能够出院让本的心里充满希望和信心，然而恢复进程却一波三折。

"你得了压疮，"护士说，"在你的尾椎骨上，因为你不能动弹。我们不能冒险，不然会感染的，所以只能把你送回病床，等待康复。"

"要多久？"本问，"几天？"

护士微笑着说："宝贝，几天可不够，要一两个星期。"

本不禁垂头丧气起来。他好不容易才从病床上起来，现在又要躺回去。他觉得希望再次被埋葬，自己永远也无法晃动脚趾，也无法动一动脖子以下的任何部位。

本哭了起来，抽泣声越来越大，越来越久，渐渐变成大喊大叫。护士想要安慰他，却无济于事。本的喊叫中充斥着咒骂，他用尽全身的力量尖叫，咒骂每个人。这样持续了将近四小时，直到喉咙发疼，声音变得嘶哑。

为了不影响其他病人，护士把门紧紧关上，可是本的喊叫声实在太大了。迫于无奈，最后医院叫来了安保人员。保安让本安静下来，说他这样喊叫吓坏了医院里的每个人。

“你打我啊！”本大喊道。

“什么？”保安结结巴巴地问。

“掏出警棍打我啊！照我头上打！打我啊！杀了我吧！我不愿意一辈子都躺在病床上！”

保安低下头看着自己的鞋子，他的喉咙哽咽了：“孩子，你听我说……”

“开枪打死我！”本命令说，“我知道你有枪，拔出来吧，让子弹穿过我的大脑！来啊，求你了，杀了我吧！”

前后加起来，本喊叫了将近六小时，最后筋疲力尽晕了过去。他睡睡醒醒，哀鸣不断。

第二天早上醒来，他眼前的一切都没有变化。他依然躺在同样的房间，同样的病床上。脖子以下依然瘫痪。

黎明来临，本的心中也出现了曙光。一切都未改变，本决定改变唯一能改变的东西：自己。下定决心后，平静便袭上心头。他对现状的憎恨渐渐消散，内心的感激让他容光焕发——他感激的不是遭受的一切，而仅仅是感激自己还活着。

本仔细考虑目前的处境，开始重新选择。他想起之前几个月中经常有人说："从来没有人遭受 C2/C3 脊椎损伤还能活下去……"

"我要证明给他们看，"本心里想，"我不仅要活下去，还要活得成功。"

本知道父亲心中怀着巨大的内疚，觉得一切都是他的过错。本告诉自己："我不能改变已经发生的一切，但我可以让爸爸明白，即使我的生活发生了转变，我也一样可以快乐成功。"

38 年过去了，本不仅活了下来，还遇到了一位美丽的女人，她成为本的妻子和最好的朋友，已 14 年有余。本说："我能遇到罗温然后恋爱，对于爸爸来说意义非同一般，他按照《滚石》杂志后面的广告去做了牧师认证，亲自担任我们的主婚人！"

"我是自己见过的最快乐的人。"本如是说。关于如何维持快乐，他给出了以下几条建议：

1. 每个人都身有残疾——只是我的残疾能从外表看出来。很多人能站立、走路、四处移动，可他们却因恐惧而瘫痪，本来可以做到的事情却不敢去尝试。

本说："我在弗吉尼亚州的弗吉尼亚海滩长大，小时候我每天都会帮助救生员摆放沙滩椅和太阳伞，这样就可以免费使用救生艇。然后我会驾着小艇冲浪一整天。车祸之后，我以为自己再也没有机会乘风破浪了。

"1987 年的一天，我哥哥和我叔叔把我带到海边，他们抓着我，让我随着海浪轻松地上下起伏。一分钟后，他们放开手，一个巨浪袭来，把我冲到岸边。真的太兴奋了！虽然我的身体动不了，但我依然可以做人体冲浪！我漂浮在潮水中，他们过来把我拉回去，然后重新来一遍。”

“在车祸之前，”本接着说，“我骑过摩托车。有一天，几个朋友把我绑在哈雷摩托车后座上，带我出去兜了45分钟的风。我不停大喊：‘开快点儿，再快点儿！’

“我用身体冲浪，我骑摩托车，是因为我不惧怕。我也许四肢不能动弹，但其他人才是真正的瘫痪——因恐惧而瘫痪。”

2. 每日寻找美丽的所在。“每天早上醒来，我都给自己定下计划，寻找美丽的事物。我会环视周围的世界，说：‘看，那个可真美！’

“这个习惯我已经坚持了多年，这个世界从不让我失望，总会将壮丽华美呈现在我面前。那一天我坐着看日出——不是简单地凝视天空感激黎明的到来，而是用一个多小时的时间仔细观察整个过程。首先天空微微发出柔和光亮，之后太阳才会从地平线上慢慢探出头来。我听到小鸟开始唱歌——起初只有零星几只，后来所有的小鸟都加入了合唱团，啁啾歌唱。我看着夜的暗影慢慢退去，我感到太阳照在脸上暖意洋洋。一切是如此不可思议！

“能够行走的人总是忙忙碌碌，无暇顾及身边的美好。我顶讨厌‘忙里偷闲，轻嗅玫瑰花香’的说法，太陈腐，但那却是不争的事实。”

3. 对他人无私奉献。“我是美国劳军联合组织的志愿者，也是救济院的志愿者。当你把时间用在他人身上，就无暇顾及自己和自身的问题。再没有比帮助他人更让人愉悦的了。这是获得快乐的真正秘诀之一。”

看到本这样的故事，我们总是很容易被打动、激励。然而，最为重要的是要追随他的脚步。我们要努力摆脱恐惧的麻痹，我们要每天寻找美丽的所在，我们还要无私地奉献他人。

本·康利的事迹告诉我们，快乐是用心去做的问题，而不是身体能不能去做的问题。

附言：本书的电子版发布了本·康利的故事一周后，他在这个世界停止了呼吸，去了另一个世界。似乎他的灵魂一直在等待自己的故事与世人分享，然后才离开瘫痪的肉身，进入完整的灵魂躯体。

本的到来让天堂更加快乐。

查理·米切尔

乘着快乐高飞

Happy Stories!

不抱怨的人生，才有无限可能

他与大家分享自己解决问题的独特方法，并在此过程中发现了快乐的重要因素。

一旦尝试过飞翔的滋味，走在大地上你就会时刻仰视天空，

渴望再次回到那里。

——列奥纳多 · 达 · 芬奇

“他这是要去哪儿？”年轻的机器操作员问。

“去修理机器。”一位经验丰富的同事苦笑着回答。

“可机器就在这里啊，”年轻人穷追不舍，“他却朝休息室走去！”

“没错。”同事回答说。

查理 · 米切尔和他的维修团队忙碌了将近一小时，依然没有修好把加热钢铁压成钢板的机器。查理建议不用继续白忙活儿，大家就都散去了。

“现在可不是休息时间！”年轻人对着渐渐离去的人群大喊，“这个东西必须要修好运转起来——我们已经落在后面了，再不修好，就要停工，后果会他妈的很严重！”

查理听到了年轻人的谩骂，却没有停下脚步。然而年轻人的催促似乎让他原本就很慢的步伐更慢了。查理身材短粗，胸膛厚实，走路的时候粗壮的手臂在身体两侧晃来晃去。他留着小胡子，泰迪熊一样的圆圆脸庞，走起路来左右摇摆，有人说他像《星球大战》里毛茸茸的伊渥克人。

查理对这样的话语很不以为意。实际上，他对任何事情都不以为意。查理对自己的生活和存在之道颇为满意。他很快乐，他的快乐从不以外界环境和他人的评价而转移。

“可是他在休息室怎么修机器？”年轻人问。

“查理说一杯咖啡足以解决大部分问题。我觉得他有自己的道理。自从他开始领导维修团队，工厂的运作就一直很顺利。如果查理想停下手中的活儿喝杯咖啡，就必须要停下来。我支持他！”

年轻人满脸通红，他褪下厚厚的手套和护目镜，冲进了休息室。查理正和团队其他成员坐在里面喝咖啡，天南地北地聊着天，却只字不提如何维修机器。

“这是什么意思？”年轻人大声质问道。

“什么是什么意思？”查理带着温和的微笑问，他说话带着浓重的亚拉巴马口音，每个词都拉得很长。

“你可以用一杯咖啡解决问题是什么意思？”

“哦，”查理一边吹着咖啡一边拖着长音说，“如果你从各种角度来研究一个问题，却依然找不到解决方法，那你最好完全弃之不理。当你带着清晰崭新的目光重新回来，就会看到答案的所在。”

年轻人目瞪口呆地站在原地。

查理朝他扬了扬杯子，说："孩子，你瞧，答案其实就在我们眼前，只是我们找得太着急。只要我们稍微往后退一步，就会看到答案。"

他们果然看到了答案。十分钟后，查理的团队再次聚集在机器前，答案似乎自动跳了出来。机器修好了，整个轧机重新运转起来。

如今查理已经从钢铁厂退休了，不再担任维修团队的组长。他可以自由追求自己的两大梦想了：飞行和教别人飞行。

"每个人的学习过程都不尽相同，"查理说，"我教过几百人飞行，在此过程中我学到的是：要根据每个学生的优势和局限因人而异地进行不同的训练。有时候我会暂时逃离训练，细细品啜咖啡，给自己一些超脱的时间，那样我就能想出最适合某个学生的训练方法。"

如同本系列故事中的所有人一样，查理也认为快乐是种选择。快乐需要培养和锻炼，它会像肌肉一样越来越强壮，逐渐成为我们身体的一部分。

"从飞行中我们能学到很多生活道理，"查理说，"驾驶飞机是快乐生活的精彩隐喻。"他用这种隐喻讲述了三条关于快乐的道理。

1. 飞行需要阻力。托起飞机的上升力来源于空气压迫机翼产生的阻力。推进器能够推动飞机前行，然而让飞机飞起来的却是冲击机翼的空气。

"人们遇到生活的阻力就会觉得不自在，"查理说，"可是事实并非如此。你若前行，就一定会遇到阻力，正是阻力让你飞翔。你应该期待阻力，因为阻力的存在说明你在不断向前。"

假如你想尝试新鲜事物，刚开始你会发现它远比你想象的要艰

难。查理解释说："你可以把这当成放弃的借口，也可以将之视为一种暗示，暗示你要更加努力，变得更好。你可以放弃也可以继续努力，这是你的选择。"

查理接着说："阻力能让你明白自己当前的状况，你会借此不断改进，奋勇向前。"

对于信仰亦是同样的道理。如果他人反对你的观点，就给了你一个审视自己的机会，看看你是否真正相信自己所说的，若是，则进行阐明或改进，进一步强化自己的观点。

2. 两次深呼吸。若想成为全程飞行员，要经过一系列的训练过程。第一步就是要通过目视飞行规则（VFR）飞行员认证，这意味着你只能在晴朗天气飞行，还要远远避开云层。

然而，对于大部分飞行新手来说，无论怎样密切监视天空情况，总会无意中飞到云层中。这种情况异常危险，因为他们会迷失方向，根本不清楚自己在朝哪里飞行，也不知道飞机是在爬升还是下降。这种情形下很容易产生眩晕，让人陷入恐慌和悲惨的处境。

当 VFR 飞行员飞进云层，他们的第一反应往往是尽快出去，可是这样的做法是错误的。

正如一杯咖啡可以解决大部分问题，查理建议困于云层的飞行员缓慢深呼吸两次。"这样你就可以放轻松，心情也会平复下来。然后你就可以平静处之，而不是恐慌处理。"

"当我们在生活中遇到问题，"查理接着说，"往往会急于寻找解决方案，而不是给自己一些时间认清当前的处境，然后做出明智的选择。无论你是在天空中翱翔还是在生活中翱翔，如果进入云层，首先要做两次缓慢的深呼吸。”

3. 飞行—导航—沟通。“飞行过程中一旦出现问题，多数飞行新手会抓起麦克风，告诉地面的控制台。”说到这里查理笑了起来，“可是你在离地 5000 英尺（1 英尺≈ 0.3048 米）的高空中，地面的人又能做什么呢？”

“这样是不对的。”查理说，“首先要做的是飞行——让飞机照常飞行，要确保自己的高度很安全。然后是导航——确保自己在正确的航道上。最后，做完以上两件事情之后才可以跟相关人员沟通联系。”

当生活中出现问题，我们首先需要飞行——尽量拔高我们的态度。我们要鼓足勇气，坚定信念，心怀感激，让我们的内心飞扬起来。

然后我们需要导航——选择道路。如果在不安的时候做选择，就很容易选择错误的方向。

最后，我们需要沟通。出现问题后，很多人会沟通、沟通、沟通，与每一个人沟通，向每个人散布夸大自己的问题。但唯有在你达到自己内心的制高点、选定前行的道路之后，才可以向他人诉说自己曾经的处境，他们会一路给予支持。

哪怕面临阻力也要选择快乐生活，当你飞进困难的云层中要深深呼吸两次，谨记首先要飞行（设定高度），然后导航（选定道路），最后再与他人沟通。

如果所有努力都宣告失败，不妨去喝杯咖啡。

苏珊·霍斯金斯

宽恕——通往快乐之路

Happy
Stories!
不抱怨的人生，
才有无限可能

遭到爱人欺骗后，她选择宽恕，从而找到了通往快乐的路径。

宽恕不会改变过去，却能开阔未来。

——保罗·波希

“你说什么？”苏珊难以置信地问。

杰克没有回答。他颓然坐在餐椅上，宽大的肩膀垂下来，不住地颤抖。眼泪顺着他通红的圆脸流下来——平时这张脸总是带着灿烂迷人的微笑。他低头盯着地板，语无伦次地咕哝着。

“你说你辞了工作？”苏珊不敢相信自己的耳朵。

两人沉默良久，唯能听到窗外草坪洒水器的啪嗒啪嗒声和她挚爱丈夫的轻轻啜泣声。

杰克无声地点点头，苏珊感觉身体一下子被抽空了。怀中的杂货袋似乎有 100 磅（1 磅≈ 0.45359237 千克）重，她放开手，袋子滑落到厨台上，砰的一声响，倒向一边。蓝莓洒满厨台，滚落到地板上。

苏珊的脑海中涌来千千万万个问题和想法，她首先想到的是：

我们的医疗保险怎么办？他患有糖尿病，刚做了心脏直视手术。

我们会不会失去房子？

我们拿什么支付他儿子的大学费用？

我们还没存够退休的钱。

然后苏珊想到的是她不愿意面对的问题：

他年龄太大，已经不适合再找新工作。

我是不是要放弃写作，重新开始工作？

我的朋友会怎么想？

苏珊瘫坐在杰克旁边的椅子上，深吸了一口气，伸手握住他宽大的手掌。她紧紧握着，说："没关系，我们肯定能渡过这一关。我爱你。"

杰克看着苏珊的眼睛。他原是个高大强壮的男人——不只是身体强壮，更是一位成功的银行副总裁，在银行界颇具权威。而现在的他弯腰驼背，如同受惊的孩子一般瘦弱无助。

苏珊如同刚从睡梦中惊醒，她问道："发生什么事了？"

"我们部门有人盗窃。"杰克回答。

"可是为什么你要辞职？"苏珊接着问。

"我是部门负责人，"杰克说，"他们需要有人背黑锅，就把责任推到我的身上。如果不主动辞职，就会被辞退。"

"我们会渡过这一关的，"她重复说，"我们一起，会渡过这一关的。"

苏珊告诉自己，她爱的是杰克这个人，而不是他的工作所提供的一切。第一段痛苦不堪的婚姻失败后，她独自抚养女儿整整十年，她以为自己不会再爱任何人，不会再相信任何人，直到遇到杰克。他们的生活一直很美好——也将继续美好下去，因为他们拥有彼此，这才是最重要的。

这时电话铃响起。

“是苏珊・霍斯金斯吗？我是联邦调查局的摩根菲尔德特工。”电话那头的声音有些沙哑，“我本不该给你打电话，如果有人问起，你就说这段对话从未发生过。”

苏珊觉得自己走进了间谍电影。沙哑的声音继续说：“你丈夫所在银行的偷窃犯……正是你丈夫本人。我们已经立案调查他一年多了。作为商业地产部门负责人，杰克接受买家的支票，然后把钱存到自己的账户里。”

苏珊的精神几乎崩溃了。

“你还在听吗？”打来电话的人问。

苏珊点点头，却忘了电话那头的人根本看不到她无声的回答。

苏珊觉得自己全身上下充满了愤怒和怨恨，她大声争论道：“我不相信……你胡说！”然后她质疑道：“你是谁？”

“苏珊，”电话那头的声音充满同情地说，“我是联邦调查局的摩根菲尔德特工。我冒着违背道德准则的危险给你打电话，你有必要知道自己的丈夫将要受到十几项偷盗和欺诈的指控。你要赶紧脱身，赶紧找个律师。”

“我为什么需要找律师？”苏珊悲痛地问。

“因为检察官和民事律师会指认你与他串通一气。不过根据我的观察，你从未参与其中。”

一秒钟的沉默似乎被无限拉长。

“我要挂了，”来电者说，“祝你好运，苏珊。请考虑我的建议。厄运很快就会到来。”

厄运真的很快降临了。

那个她深爱的人、她无比信任的人、她分享了所有秘密的人、她同床共枕的人，却变成一个盗用公款的人，而且手段并不高明，他把偷来的钱存在自己在同一家银行的个人账户里。

他们的房子被查封了，他们的汽车、银行账户、退休基金和一切资产都被查封了。当地报纸的头条铺天盖地都是关于此事的报道，杰克戴着手铐被关进监狱的照片在晚间新闻循环播放。此前她还担心朋友家人会如何评论杰克人到中年却失业，而现在她却要经受大家对他盗窃的指责。

苏珊处处受到排斥，她不知道哪个更能刺痛自己的心——是人们脸上的同情还是鄙夷？

她安慰自己，事情再糟也不过如此。

然而她错了。

杰克在监狱里等待审判，苏珊帮他整理文件时发现了更多惊人的事实。在服兵役甚至大学教育的事情上，杰克都对她撒了谎。

而当她发现杰克捏造的另一个谎言时，她的心凉到了冰点。他之前说前一段婚姻中所生的双胞胎都夭折了，原来全都是虚构。

杰克欺骗了她十多年，而她竟然一无所知。她认识的那个人、她深爱的那个人，变成了纯属虚构的小说人物。她晚上躺在床上怒火中烧，她不仅因他而愤怒，更气愤自己竟如此轻信他的话——如此愚蠢！

这一切都是 17 年前的事情了。而今苏珊嫁给一个自己爱慕、也爱慕自己的人，她已经写成五本书，还在继续追求自己的梦想：写作、摄影和瑜伽。

更为重要的是，她很快乐。我采访苏珊的时候，她坦率承认自己很快乐，而实际上她无须承认，因为她全身上下散发着快乐和幸福。在她身上，你能感受到那种经受地狱磨炼后变得更加坚强更加快乐的人才有的欢乐和安宁。她就是快乐的化身。

“关键是要宽恕，”她如是说，“不仅宽恕杰克，还要宽恕我自己，因为每当别人伤害了自己或利用了自己，我们总会责备自己活该如此。我选择放手，让一切随风而去。”

1. 宽恕是个过程。据苏珊所言，你选择宽恕，所有的痛苦、伤害和负能量并不会一下子消失无影踪。这需要时间，需要刻意的努力。你必须一遍遍释放自己对所发生事情的怨恨，而这需要一些时日。

为了达到这个目的，我们要对自己有耐心，要温柔对待自己。在整个宽恕的过程中我们要一直这么做。苏珊说：“当我开始感激这段经历让自己变成现在的样子，我就明白宽恕的过程已经完成。在这段艰难的时间里，人们经常问我如何保持积极的态度。答案其实很简单，我可以选择屈服于痛苦，也可以选择超越受害者的情绪并热爱生活。我选择的生活也许充满背叛和失望，但选择原谅自己和他人就是选择热爱生活。”

2. 宽恕与自我反映。苏珊说：“宽恕杰克让我明白，我们对他人的认识和评判其实都是自我的一种反映。所以，我能够借此探索自己是否对自己和他人足够坦诚。”

3. 宽恕与适应能力。“自我宽恕是个逐渐发现自己可以做得更多、做得更好的过程，”苏珊解释说，“我可以选择屈服于失去一切的绝望，也可以选择迎接艰难的挑战，证明自己从未参与杰克的犯罪行为，也从未从中获取任何利益。”

有句话说，脚在火中才会不由起舞。苏珊经历了失望、损失和背叛的火海，才明白在宽恕的过程中自己可以带着真正的快乐翩然起舞。

丹尼·劳夫斯特姆

有使命，更快乐

Happy Stories!

不抱怨的人生，
才有无限可能

一名美国医生毅然放弃名利，远赴非洲建设医院，实现自己的生命价值，寻找真正的快乐。

生命的目的在于寻找目的所在，并全心全意去实现。

——佛经

虽然他身高仅有五英尺（约一米五），但你不会觉得他矮小。

虽然他已经 85 岁，但你不会认为他年老。

虽然他走路拄着拐杖，但你不会将他视为虚弱之人。

虽然他已经超出美国平均退休年龄 18 年，但他丝毫没有任何放慢脚步的迹象，反而不断加速前进！

“退休？”我提到的这个词让丹尼·劳夫斯特姆医生嘲笑不已。

“我不喜欢退休，”他说，“我喜欢重新点燃生命！”

我问劳夫斯特姆医生（朋友称呼他丹尼医生）是否觉得自己是个快乐的人，他自信坚定地回答：“绝对的！”

快乐的人觉得自己很快乐，这是快乐的秘诀之一。那些觉得自己不快乐的人肯定不会快乐。快乐是种心态，正如本书中与我们分享快乐故事的人们所言，快乐是一项内心工作。

初见丹尼医生，他湛蓝色的大眼睛和灿烂的笑容会吸引你的注意，更会让你深陷其中。他身上洋溢着温暖和慈悲，而他的笑容背后似乎藏着宇宙间最好玩的笑话。

他是 11 个孩子的生父，却是数百个孩子名义上的父亲。

“我打小儿就很想帮助他人，”他对我说，“我还记得 13 岁那年我去伊利诺伊州莫林市的信义神学院参加青年会议，其中一个环节是邀请那些选派到非洲服务的美国医生分享经验。”

他谈及这件 72 年前的事情，如同发生在昨天晚上一般清晰。

“他们真的很快乐，我能从他们的眼睛中看出来。这些医生很快乐，我也想同他们一样快乐。”他急切地说。

那时他还是个少年，就已经明白自己的人生目的所在，还明白追随这样的目的会给自己带来快乐。

不久前我与丹尼医生和他的护士太太兼合作人宝拉共进晚餐。“坦桑尼亚 14 岁以下的孩子有 1800 万，”丹尼抓起一张餐巾纸和一支笔，“可是整个国家却没有一所专门的儿童医院……不过很快就会有了！”

接下来的几分钟，他们兴致勃勃地勾勒美好的规划，要在坦桑尼亚达累斯萨拉姆附近建造一所占地 41.5 英亩的儿童医院。对于丹尼医生和宝拉来说，在非洲建造医院并不是想入非非的白日梦。

他们协助创办的非营利机构国际卫生伙伴组织–坦桑尼亚（http://www.ihptz.org）拥有多年在坦桑尼亚建设医疗设施的光辉历史。改造坦桑尼亚中部的扬比医院后，他们又在多多马建设了圣约翰大学护理学院——该学院是坦桑尼亚最大的护理学院，之后在姆万扎建造了尼亚卡托医疗中心。

“时刻期待全新而令人激动的东西是快乐的关键所在，而拥有不断促你前行的人生目的可以确保每一天都有全新而令人激动的发现。”丹尼医生说。

“可是对于那些不清楚自己人生意义的人来说，又该怎么办呢？”我问道。

“你是什么意思？”丹尼医生反问道，他的眼睛眯了起来，笑容却依然灿烂。

“哦，”我回答说，“并非所有人都会在 13 岁就明白自己一生的追求。其实多数人终其一生都不确定自己是否走在正确的道路上。”

“发掘生命的意义其实比你想象的要容易，”他说，“只要注意三点。”

1. 细微之处。多注意自己内心轻微的激动，其实它表明你乐于朝某个方向前进。要相信自己拥有人生目的，听从自己的直觉，它会引导你朝着应该做的事情前进——这些事情能给你带来极大的满足和至高的快乐。

2. 尊重巧合。路到尽头，是让你转变方向、原路返回或另辟新径。过去从未注意，而今出现在你面前的新路，你要加以重视。

丹尼医生说：“我相信 1931 年我被选中参加青年会议是个巧合，然而一切并非只是巧合，它们的目的是让我找到人生的目的。巧合的存在是为了给我们指明道路。”

3. 违背直觉。第一天你朝某个方向踏出一步，这个方向与你的目的并不完全匹配。第二天你沿着这条道路又迈进一步，然后一步步向前。不久你就会离快乐和满足越来越远。正如丹尼医生所言："违背直觉，世界会给你当头棒喝。"

"对于我而言，这种情形发生在 2001 年。"丹尼医生说，"当时我们还在美国并计划一直留在国内，然而'9·11'恐怖袭击让我们的投资瞬间崩盘。为了偿还债务，我们以不到几个月前 75% 的价值清算了股份——我们彻底破产了。就在那个时候，一位亲近的朋友打来电话，邀请我们到坦桑尼亚帮忙应付十个星期左右。而今，我们已经在那里待了十几年。"

"违背直觉会让你深受打击，真的，"他说，"但是唯有如此才能唤醒你，让你看到自己正朝着错误的方向前进。"

那么丹尼医生是如何度过人们所谓的黄金退休时期的呢？

"我三分之二的时间在坦桑尼亚的医院工作，三分之一的时间在美国各地奔波，筹集捐款、招募志愿者，让梦想成为现实。"

当我最终联系上丹尼医生，通过 Skype（讯佳普，一款网络电话软件）采访他时，他和宝拉住在新墨西哥州阿尔伯克基市郊的一家小小的汽车旅馆里。

"27 美元一晚！"宝拉无比兴奋地喊道。

"你说什么？"我问道。

"汽车旅馆，"她解释说，"住一个晚上才 27 美元。是不是很好？"

我想象了一下27美元一晚的破旧旅馆，回答说："哦，是的，好极了。"

宝拉听出了我语气中的困惑，便解释说："真的是很好了！在美国算是很便宜了，但是对于坦桑尼亚的工人来说却是一个月的工资。我们在这边节省得越多，就能在那边做得越多。"

她每说一句，丹尼都会点头表示赞同。

谈话结束，我不禁想，哇，找到那么便宜的旅馆，他们真的那么快乐吗？

然后我意识到，丹尼医生和宝拉之所以快乐，是因为他们在为目标生活。他们有强烈的使命感——与生活、与他人保持真诚的联系。他们每天都在奉献自己，所以才是有目的的快乐生活！

快乐服务

国际健康合营企业TZ网址：www.ihptz.org

卡罗尔·米勒

拥抱快乐

Happy Stories!

不抱怨的人生，
才有无限可能

一个身材娇小的女人，
给人们的快乐生活带来巨大影响。

给我百万年又百万年也不足够

形容那瞬间的永恒

当你用手臂环着我而我用手臂环着你

——法国诗人贾克 · 普维

卡罗尔盯着那张貌似很官方的表格看了好几分钟。

组织机构名称？

好吧，就这个了，她心中想。

联系人？

她写下了自己的全名。

卡罗尔把文件从头浏览了一遍看看自己是否遗忘了什么信息，而她并无遗忘。

表格填好了，但还有一行仍空着。这一行所需的信息让卡罗尔很为难，不过她还是据实写上了答案，把表格交还给那个一脸严肃的官员。

那个官员透过架在鼻尖上的老花镜看了一眼表格。

当他看到那个棘手的问题时，把卡罗尔的答案读了出来，然后抬头注视着她，似乎想把她看透。

卡罗尔对他露出坚定而真诚的微笑。

“嗯……好吧，”他把目光收回到表格上，“你的名字是米勒小姐，对吗？”

“卡罗尔·米勒。”她回答说。

“好……啊哈……卡罗尔·米勒，”他清清嗓子，坐直了身体，“你想抗议与人拥抱是吧？”他左边的眉毛好奇地扬了起来。

“不是的。”她回答。

官员俯身趴在桌子上，说：“你这里说想抗议与人拥抱。”

“我知道，”她说，“可是我们不是抗议人们拥抱，而是要拥抱别人。”

“那你为何填这张申请公众抗议的表呢？”他问道，声音提高了两个八度。

“因为你们没有表格允许人们围在一起，拥抱完全陌生的人。”卡罗尔回答说，她的声音满载着阳光，“我到海军码头的管理办公室，询问我和其他几个人是否可以站在外面，举着免费拥抱的牌子。他们说不允许我们那么做，但允许我们抗议，如果我们想抗议的话。”

官员的脸上毫无表情，卡罗尔接着说：“我们想通过合法途径来做事情，所以，如果填一张抗议的申请表就能允许我们拥抱别人，那我就填表。”

他脸上的表情好像在说：“小姐，你疯了吧。”但他的举止依然保持亲切而官方。他伸手拿起桌上的橡皮图章，在印台上迅速按了两下，然后砰的一声砸在卡罗尔的表格上。

“抗议愉快。”他一边说一边把表格推给卡罗尔。

“我们被批准了？”卡罗尔问。

“是……你们被批准了。”他口中说着，注意力已经转移到下一个人身上。

“太好了！”卡罗尔尖叫一声，抓起表格转身准备离开，又转回来面对着他。

“我可以给你一个拥抱吗？”她问道。

“哦……不要，”他回答，“我……哦……我不用了。”

卡罗尔耸耸肩，似乎在说“只要你开心就好”，然后转身冲出门去。

卡罗尔之前听说在澳大利亚有个男人经常到人群聚集的场所去拥抱过往的行人。她觉得也可以在自己所在的城市芝加哥效仿这种做法。她招募拥抱志愿者，选定海军码头作为行动地点，因为海军码头是个宽广热闹的旅游胜地，能吸引各种各样的人光顾。

“选择这么一个交通密集的地方，我真是太聪明了！”卡罗尔骄傲地说，“可惜选择的日期不太好。”

她自嘲地笑笑，说：“1 月中旬的芝加哥湖面上，既不是徒步出行的好时机，也不是好地点。”

那个寒冷的冬日，六位志愿者出现在海军码头。两个小时中他们不断跳动、相互拥抱来取暖。

“那天我们没遇到几个愿意接受拥抱的人。”卡罗尔回忆说。那时是2008年，淡薄的响应并没有打击卡罗尔的热情。事实上，几年前她还设定目标要走向全球。

卡罗尔发邮件给亲朋好友，希望他们邀请全美国50个州和世界各地的人们在特定的一天参与拥抱运动。

“如果你看到活动的现场，会很惊奇。”卡罗尔说，“人们看到我们的标牌会从马路对面跑过来，就是为了得到一个拥抱。有些人，尤其是老年人，总会说我们的拥抱是他们几个星期来的第一次与人接触。”

卡罗尔希望整个世界都能感受到拥抱的力量，她不再羞于为自己的事业寻求援助。她曾先后接触过几十位世界领导人和宗教领袖，终于得到其中一位的支持，这让卡罗尔兴奋不已。反种族隔离活动家、诺贝尔和平奖获得者、南非黑人领袖杜图主教的助理告诉卡罗尔，他会在佛罗里达的巡回演讲上把“免费拥抱”的标牌挂在主教的旁边。

身高仅有一米四七的卡罗尔，以她小小的身躯成就了伟大的事业。见到她的人无不惊奇她小小的身体怎么能装下如此多的快乐。卡罗尔身上闪耀着快乐的光芒。若想跟她一样快乐，不妨考虑她的三条建议：

1. 不要草率下结论。在完全明白发生的事情之前，我们总会匆忙做出反应，通常是过度反应。而我们的反应会扰乱身边的人，造成混乱，事后还要自己清理。忙于清理混乱的关系问题会让快乐大打折扣，所以说话之前要再三思量。

如果你依然无法友好地讲话，就再三思。

2. 温柔对待自己。“我们总倾向于为难自己，”卡罗尔解释说，“我们的很多想法都是负面的，这会导致对自己的负面感受。

如果你考试得了 94 分，老师总会在卷面上写个大大的负 6 分。如此一来，我们就不会去庆祝那答对的 94 分，而会去关注那丢失的 6 分。我们一向如此对待自己，眼中只看到自己的缺点，看不到自己的优势。”

3. 寻找值得感恩的事物。“即使是最艰难的困苦中，也有值得感恩的东西。”卡罗尔提醒我们说，“每一天都有值得感恩的事情。也许你要为还房贷而奋斗，但你拥有一张可以安睡的床。”

如果所有的方法都以失败告终，那就去拥抱他人吧。拥抱能够促进催产素的分泌，这种激素能帮助我们降低血压、增进健康，甚至还可以提高记忆力。

凯特·林霍尔姆

伟大的快乐实验

Happy Stories!

不抱怨的人生，
才有无限可能

她与丈夫以自己的生活做试验，发现了快乐的奥秘。

浑浑噩噩的生活不值得过。

——苏格拉底

“不要动。”凯特戏谑地说，她的左手扶着保罗的头顶，右手拿着剃刀，继续帮保罗剃头。

趁她转身清洗剃刀，保罗揽过她的腰，开玩笑地把她拉到自己的大腿上。为了安全起见凯特高高举着剃刀，她搂住保罗深深拥抱，不顾剃须膏飞到眼睛里。

凯特仰身去拿毛巾，保罗温柔地扳过她的脸颊，直视着她的眼睛，带着顽皮的微笑问：“你确定吗？”

保罗和凯特·林霍尔姆准备参与一项两人共同设计的试验，深入探究促使人们快乐的因素。他们将成为小白鼠，因为这项试验需要研究记录他们生活的方方面面。

看着保罗刚刚剃好的头皮上留下的印痕，凯特深深吸了一口气。

“你确定要这么做吗？”保罗又问了一遍。

凯特坚定地微笑，说道：“我确定！”她把保罗剃了一半的头拉到自己面前，在上面印了一个大大的吻，定下了协议。她的嘴唇触到保罗的头皮感觉是那么光滑，不禁越过他的肩膀看了一眼镜中的自己。

下一个就轮到我了，凯特心想，她想象不出自己没有头发的样子。

凯特和保罗早已开始穿所谓的制服了。每天，两人都身穿统一的服装，蓝灰色工作裤、蓝色衬衫和毫不起眼的鞋子。他们手中的皮包都换成了箱子——塑料工具箱，其中一个箱子里装着小相机，时时刻刻记录他们的试验。

“我有一定的科学背景，我知道科学试验能够分离出偶然因素——通常称为 x 变量，而我们想要弄清楚快乐的 x 变量是什么，至少对于我们来说是什么。”凯特说，“我们排除了生活中的很多无关紧要的事物，然后记录我们的感觉、行为和表情。”

凯特笑着摇摇头，说：“我们惊奇地发现，那些真正让我们快乐的，恰恰是我们原以为只是为试验而设的东西。”

凯特和保罗发现，增加快乐的事物有三：

1. 简化生活。凯特解释说：“人们通常认为选择越多越好，可我们发现事实正好相反。我们将很多东西从生活中一一剔除，好看清楚到底是什么让我们越来越快乐，在此过程中我们发现自己越来越满足，因为我们需要做的选择越来越少。

“比如你去商店买除臭剂，里面有十几种品牌可供选择，你就无法决定买哪个才最合适。即使你对某个品牌情有独钟，其他厂商也会通过各种促销活动让你转变心意。那么此刻你就面临新的选择——是继续坚持信赖的品牌还是尝试新鲜而未知的产品？这会带来很大的压力，而我们每天都要面临成千上万个诸如此类的选择。”

简化生活、削减事物、缩小选择的范围，如此一来保罗和凯特觉得焦虑少了许多。

“如果你有 20 双鞋子，选择穿哪双的难度就增加了许多。选择让人紧张不安，而紧张不安就会削弱快乐的感觉。更何况，20 双鞋子需要很多精力去打理储存。

“你无须像我们一样，为了免除为剪什么样的发型而心生苦恼就把头发剃光。不过，可以看一看你可以减少、放弃、去除的东西，削减你的生活。不仅因为越多并非越好，而且因为拥有越多就会有越多的压力，你就会越不快乐。”

2. 把做饭变成一场庆典。这条建议其实是上一条的延伸。凯特说：“你有没有意识到我们每天在饮食上花费了很多时间和精力，最后却吃得那么差劲？尤其是女人，时时刻刻在想着下一顿准备什么饭菜。”

凯特发现自己和大部分人一样，每个星期会为以下的问题烦恼 20 多次：

· 需要的原料都准备好了吗？

· 我有足够的时间做饭收拾厨房吗？

· 别人喜欢我做的食物吗？

· 这么吃健康吗？

她和保罗发现，每周一次性购买所有的食材会让他们更快乐、更健康。

“每周日，我和保罗都会去商店一下子买全一周所需的东西。然后回家，放点儿音乐，开一瓶酒，切切蔬菜，然后一起做饭。其实非常浪漫。”

然后凯特和保罗会把配好的饭菜放进冰箱里，需要的时候用微波炉加热一分钟就可以吃了。“想一想，”凯特说，“以前每周我们要纠结 20 多次吃什么、吃完如何收拾厨房，现在我们只需要纠结一次。所以，我们不仅省去了烹饪和清洗的麻烦，还避免了做决定带来的压力——这才是让我们更加快乐的真正原因。而且，一天劳累工作之后，我们也不用匆匆做好一顿饭、希望它既好吃又健康，因为我们已经做好这些决定了。”

3. 休息比工作更重要。人们大都早上去上班，每天工作八九个小时，每周工作五六天。然而，随着科技的发展，很多人根本无法停下工作，这让他们很不快乐，更让人吃惊的是，这样的工作方式效率更低。

凯特说：“我和保罗想找到工作和休息的完美比例。起初，我们每天工作八个小时，只是工作时间的分配稍微不同。我们可以工作四个小时、休息四个小时、然后再工作四个小时，然后记录这种工作方式下的快乐感觉。之后，我们工作两个小时休息两个小时，以此类推，然后记录我们的感受。我们发现，只要有足够的休息机会，时间如何安排并不重要。

“我们说的并非仅仅是小睡。休息的意思是彻底忘记工作，忙于其他对你很重要的事情。现在的手机可以发短信、发邮件，甚至还可以创建编辑文件，工作和娱乐之间的界线越来越模糊，人们根本无法完全停止工作好好玩乐。他们没有休整期来恢复活力，让自己更具创造力。”

很多人都有这样的误解：如果他们一直工作，总有一天会把工作干完然后好好放松，可是工作源源不断，越来越多。“要想快乐，”凯特说，“把你的生活放在空闲时间里，把工作放在这些时间之外。你会更快乐，工作效率更高。”

凯特和保罗不再穿制服，也不再剃光头发或者提着箱子出门。然而，他们依然保持简单生活，享受一起做饭的快乐。他们制订了属于自己的时间表，首先关注让自己快乐的东西，然后考虑能够带来金钱的事情。

“大多数人也许从未停止思考什么是快乐、什么能给自己带来快乐。”凯特含笑说，“对于我们而言，把快乐当作最高任务让我们时刻铭记要快乐生活。而这种念头让我们更快乐。”

罗伯特·山

活着就要快乐

Happy Stories!

不抱怨的人生，
才有无限可能

与死神擦肩而过后，他对生活充满热忱，获得了真正的快乐。

当你清晨醒来，感激食物不虞匮乏并享受活着的喜悦。

假如你找不到任何值得感激的理由，那是你自己的问题。

——特库姆塞酋长

罗伯特听到了声音。

声音并不大。

所有人都曾听到过，但鲜有人如此近距离聆听。对于很多人来说，这是他们听到的最后声音，而 40 岁的罗伯特·山却相信这声音是他死亡的序曲。

罗伯特刚从巴哈马的拿骚回到故乡牙买加，他一下飞机就打电话给母亲。

“她是我的生命，”他说，“我爱我的母亲，是她成就了如今的我。”

罗伯特走出电话亭，有个警察过来要求看他的证件。罗伯特伸手到口袋里拿护照，而一丝不安却袭上心头，他怀疑面前的这个人是否真的对自己的身份感兴趣。这个人上下打量自己的方式让罗伯特不禁后退了半步。

那人粗略扫了一眼罗伯特的护照，从夹克衫里掏出一把蓝色的钢制手枪，刺进罗伯特的腹部。

罗伯特倒在地上，发出一声沉闷的哀叫。

罗伯特弓起腰护住腹部，这时他看到另一双穿着破旧鞋子的脚走了过来。他蜷着身子，也看到了袭击者的脚，拿着手枪的这个人穿着一双破了洞的网球鞋。

一切都变得明了，他意识到这个人根本不是警察，而是强盗。

“拿上他的东西，赶紧走。”第二个人一字一字断断续续地吐出这句话。

两个人朝罗伯特扑了过来。他们先是剥去他的手表和镯子，抓伤了他的手腕。然后把戒指从他手指上拽下来，又从他的裤袋里扯出钱包。

“我们走！”第二个人一边喊一边把罗伯特的东西一股脑儿装进夹克衫，快步跑开了。

“躺下。”第一个人命令道，他再次用手枪猛烈捅了捅罗伯特的肚子。

“你疯了吗？”他的同伙磕磕巴巴地说，“我们刚刚出来！你这么做他们肯定会逮到我们的，你想回监狱去吗？”

“躺下！”第一个人厉声喊道。

罗伯特慢慢地四肢着地，趴在地上。

“我说躺下！”袭击者狂叫着，从后面用力踢了一脚，罗伯特朝前翻了个跟头，跌进灌木丛里。

那个人用脚踩住罗伯特的脖子，带刺的叶子划破了他的脸，血流不止。

罗伯特察觉到枪管抵着自己的后脑勺，这时他听到了那个无比清晰的声音，手枪的击锤扳下的声音。

“你今天晚上死定了。”行凶者狠狠地说。

“走吧，伙计！”他的同伴嘟哝着，两只脚紧张地跳来跳去。

“嘿！你听到了吗，死胖子？”他用枪管使劲压着罗伯特的头，一字一字重复刚才那句话，“你、今、天、晚、上、死、定、了。”

罗伯特紧闭眼睛，强撑着身体，等待这无法回避的命运。

“那一刻，我真的放弃了。”两年后罗伯特回忆此事的时候说，“死亡已是必然，我将死去，这是最终的结局。我对生命已经没有了一丝留恋，因为对于我而言，生命已经结束。”

然而那天晚上，命运的无常拯救了他的生命。

就在那一刻，就在罗伯特俯卧在满是荆棘的灌木丛中完全屈服于死亡的那一刻，另一个倒霉鬼走进了现场。他孤身一人，醉醺醺的。看到他身上华丽的衣服和亮晶晶的珠宝，两个歹徒如同海里的鲨鱼嗅到了鲜血。

罗伯特微薄的财产已经被抢光，两个捕食者把注意力转移到那条更大的鱼身上。

当罗伯特确信歹徒不再注意自己，就赶紧跳起来逃了出来。眼泪顺着他的脸不住淌下来，他一直跑，直到两腿发软胸口生疼。

“第二天早上醒来，我人生第一次感到自己活着是如此幸运——

难以置信的幸运。”罗伯特说。

他脸上挂着永恒的微笑，接着说：“从那之后我一直怀着这种感觉。”

罗伯特感激地凝视着窗外，似乎在欣赏一幅高超艺术品的美丽。他心满意足地长舒一口气，说：“当你意识到活着是多么幸运，一切都变得如此美丽。对于我而言，能看到棕榈树在微风中摇动，能听到孩子的欢笑声，能品尝到新鲜的杧果，都是一种幸运。生命是如此香甜。”

“我真的很快乐。”罗伯特说，他为快乐的礼物感恩不已。

如今，罗伯特在牙买加蒙特哥贝的五星级酒店做服务生。仅仅工作四个月，他就凭借自己洋溢的幸福和快乐的服务赢得了年度员工的奖项。

罗伯特给出了快乐的三个要诀：

1. 活着就要感恩。“如果你明白——真正明白——你的生命随时随地都可能结束，你的内心会充满安宁，不会再为生活中的任何问题和困难所牵绊。”

生命是我们最宝贵的拥有，也许我们觉得生命是最理所当然的事情。如果你能像罗伯特一样真的相信自己即将死去，你就会看到生命其实是一件礼物。

罗伯特建议我们用心对待每一天，因为每一天都可能是我们生命的最后一天。

2. 创造更好的反射。罗伯特苹果形的脸颊一笑就会鼓起来。他灿烂的笑容照耀别人，又会反射到自己身上。

“我乐于让别人露出微笑，”罗伯特说，“如果到我们酒店来，即使你今天过得不顺心，我也会让你开心微笑。这是我最大的快乐——让他人感到快乐。”

“这样我们就都是赢家了，”罗伯特接着说，“因为我身边都是快乐的人。”他的微笑变成得意扬扬的笑容：“所以我就会很快乐。”

3. 活得 irie：牙买加人见面后，通常会相互打招呼说：“Wagwan？”意思是“你过得怎样？”

“我，我很 irie”是最常见的回答。

牙买加的方言中，irie 意思是“很好”或者“很快乐”。

作为土生土长的牙买加人，罗伯特用抑扬顿挫、充满阳光的声调解释说：“如果整天有人问你‘Wagwan？’，而你回答说‘我，我很快乐’，就会提醒你要快乐。

“也许正是因为如此，我们牙买加人才有了快乐的美誉。”罗伯特笑着说。

无一例外，快乐的人总相信自己是快乐的。如果别人问：“你好吗？”你要提醒自己铭记这个真理然后回答：“我很快乐。”

苏米斯拉·卢卡高麦吉

从恐惧到快乐

Happy Stories!

不抱怨的人生，
才有无限可能

她和丈夫离开因内战而四分五裂的祖国，在异国他乡找到了快乐的所在。

对死亡的恐惧比死亡本身更可怕。

——普珀里琉斯 · 西鲁斯

苏米斯拉 · 卢卡高麦吉低头坐在桌前，全神贯注于工作。阳光透过办公室高大的玻璃窗照了进来，空气里弥漫着上午茶的香气。那天上午忙碌得出奇，苏米斯拉集中精力想要在紧迫的时间内完成手头的项目。

远远传来嘭的一声响，她慢慢抬起头，无力地低声说："又来了。"

同事们都跑到她身后的窗前。

"你看到了吗？"其中一人问。

"在那里！"另一个大喊道。

每个人的手都忙碌了起来。有人吃惊地捂住嘴巴，有人心碎一般紧紧按住胸口，有人扶着办公设备来稳住打战的双腿，更多的人掏出手机惊慌地按着号码。

苏米斯拉看到远处一座建筑升起浓浓的灰色烟雾并迅速弥漫开来。

“是学校！”一个女人尖叫道，“是我孩子的学校！”

“不是，”她身后的男人紧张不安地说，“那不是学校，那是……那是政府办公楼！”

已经有六个月了，已经有六个月没有发生爆炸了。而今苏米斯拉和同事们盯着窗外，都在想着同一个问题：我至亲至爱的人没事吧？

那是 1998 年的斯里兰卡科伦坡。那时，生命在久久无法忘怀的间歇爆炸、没完没了的爆炸谣言和沮丧而无人性的无尽安检中消耗殆尽。

1983 年武装分裂分子企图夺取政权，就此发起了斯里兰卡内战。叛乱分子希冀以弱胜强，他们常用的手段就是吓得人们胆战心惊，意图削弱人们对政府的支持。

“一位高级政府官员要被处决，还要举行一场葬礼，”苏米斯拉说，“葬礼上肯定会出现自杀式爆炸袭击，他们想大规模杀害无辜平民。”

苏米斯拉说话的时候音调轻快，带着印度式的友好亲切口音，她接着说：“我们经常处于恐惧之中。如果你一直害怕，人性就会远离你。你会失去感觉——不再尊重任何人。人类的价值已经不复存在。”

苏米斯拉和丈夫普拉萨德移居到美国，15 年过去了，像蚕茧一般缠绕他们多年的恐惧已经基本散去。

“移居到美国这片安全之地之后，我们才意识到自己有多么害怕。很多人根本无法想象那是怎样的一种生活。”苏米斯拉强压住自己的情绪说，“你站在一个人身边——看上去他跟你认识的每个人一样普通，可是转眼间这个人就会引爆炸弹，不仅炸死他自己，还想炸死你。

“如果每一天的生活都是如此，你就会发生转变，你会紧闭心门，不再关心任何人。你活在无边的恐惧中，而恐惧和快乐从来不可能共存。”

长期处于暴力的包围中，人们渐渐对暴力有了免疫力，人性越来越少。正如苏米斯拉所言：“这里发生爆炸，那里发生爆炸——不断有人死去，你已经习以为常。”

任何战争的首个受害者都是快乐。战争的目的是让对方绝望和痛苦。当痛苦达到某种程度，人民就会支持放弃部分或全部权力。而不管一个政府的权力有多大，只要它失去了人民的支持，就注定灭亡。

“在斯里兰卡，你和心爱的人随时都有可能死去，”苏米斯拉说，“我们生活在生存模式中。如果你无法信任任何人，如果你的生命随时可能结束，快乐根本无从谈起。”

在来美国之前，苏米斯拉根本不知道快乐为何物，而 15 年后的今天，她终于可以说：“此时，此刻，我的生命终于有了快乐的空间，我每时每刻都能感受到它的存在。”

对苏米斯拉而言，快乐是全新的生活方式，她不断努力让自己更快乐。若想更加快乐，她建议我们牢记以下三点建议：

1. 恐惧与快乐无法共存。如果你正面临恐惧或让你害怕的事情，你要让自己从恐惧中解脱出来。很多人会对生活中的某些人、某些情形或某件事心存或轻或重的惧怕，这种恐惧会削弱他们的快乐。

敢于直面窘迫与拒绝带来的痛苦，敢于面对你害怕的事物，会让你从恐惧中解放出来，感到更加快乐。

2. 愤怒与快乐无法共存。愤怒——尤其是为无足轻重的事情而愤怒——是我们儿时从父母身上学来的特质。

愤怒会让我们的血压升高，让我们对周边的人产生恐惧和失望。而且，愤怒的冲击和余震让我们的情绪跌宕起伏，因而更加不快乐。

学会不轻易动怒是通往快乐之路的强大本领。若要克服愤怒，首先告诉自己你能控制自己的愤怒，然后每次遇到烦心的事情就尽力控制自己的脾气。

苏米斯拉说："我努力让自己不动怒，已经有一段时间了，我表现很不错呢。"

3. 抱怨与快乐无法共存。抱怨不会消除问题，只会加重问题。抱怨不会减少烦乱，只会添加烦乱。如果抱怨能让人们感觉变好，那么世界上最爱抱怨的人就会最快乐。

"如果你认为某件事情是个问题，它就会成为问题。"苏米斯拉又加上一句。

苏米斯拉生命中几乎三分之二的时间都处于对他人的恐惧中，

她提出最后一条关于快乐的建议：看到他人好的一面。

“每个与我交谈的人，我都会寻找他身上美好的东西。如此，你能学到很多东西，关于生命，关于他人。而且，”她睿智一笑，说，“幸运的话，你还能学到关于自己的东西。”

快乐的语言

在斯里兰卡所使用的语言僧伽罗语中，快乐一词为 Sathuta（萨呼塔）。

乔希·托伊

为快乐冒险

他甘愿冒险，
找到了通往成功和快乐的道路。

积极行动固然有风险和代价，但慵懒无为带来的长期风险和代价则更大。

——约翰 · 肯尼迪

“太荒唐了。”乔希嘀咕道。

他使劲耸起肩膀又放下，愤怒地长叹一声。“无聊的工作是坐在那里看着身边的人干活，”乔希对着卡车的风挡玻璃说，“而比这更无聊的工作是坐在那里看着身边的人都不干活。”

质量管理检查员，是乔希·托伊的职位。29 岁的他去申请一份无技术人员低收入工作，却惊奇地发现自己得到的是质量管理检查员的工作。

“基本上来说你就是证人，”简短面试中憔悴的工长粗声粗气地对乔希说，“每一个政府建设项目都肯定有质量管理检查员。基本来说，就是不用亲自去做施工的工作，只需要监视承包商的一切行动，把不符合规定的地方记录下来就可以了。这样的话，如果出现问题，我们这里就有人能汇报什么做了、什么没做。”

乔希拼命控制自己的满脸笑意，他还在消化工长刚刚说的话。什么都不干就有钱赚，他的“工作”就是坐在那里看着其他人干活。

这就是乔希梦寐以求的工作。

或者，他以为如此。

乔希很快发现一直坐着是多么无聊——哪怕可以赚到钱。他突然明白，自己宁愿去干活也不愿看着别人干活。

乔希干坐了三天，却什么也没看到，他壮起胆子过去跟一个工人说话。

“怎么什么事都没有呢？”乔希与那位电工助理寒暄后问道。

“政府让我们停工了。”电工助理无动于衷地汇报说。他也同样拿钱无事做，不过这样的安排似乎正合他意。他往后一靠深深啜了一口咖啡。

“又一次？”乔希问。

电工助理过了好一会儿才点点头说：“是的，又一次。”

“如果我们不按期完成，政府可以每天征收 1000 美元的罚金。”乔希说。

对方看了乔希一眼，一副无所谓的表情。

乔希跟其他几个工人聊了聊，发现耽误他们进度的是一份书面计划表。

乔希所在的工作单位在为一家重要机场的飞航管制塔台安装洒水装置。“9・11”事件后，美国机场的安全协议变得过分谨慎。联邦航空局规定，如果无法明确每个人要做什么、何时做什么，任何工人都不得携带工具箱进出正在使用的控制塔台。

当天晚上，乔希在互联网上搜索了几个小时，他观看了工人如何安装消防装置，明白了他们的工作模式，还阅读了找到的一切相关知识。

乔希打算拿工作去冒险，而且完全违背了这份工作的基本指导原则——他准备去做些事情。

第二天早上，乔希打电话给消防装置销售公司，他们派了一位实地代表到施工现场来给乔希上了一堂关于消防系统的速成课。

之后，乔希安排了一次会议，邀请建筑公司的老板、所有承包商和分包商以及联邦航空局的代表参加。

他的职位描述也许是这样的：

职责：

· 坐着

· 观察

· 别人不问就不要说话

可是乔希却主动承担起成功完成项目的责任。

他召集所有相关方共同讨论制订了计划表，确保工作按时完成，同时尽量减少对航空管制人员的影响。

最后项目提前圆满完成。

乔希从一个看着工作进行的人变成了促成工作完成的人。他成为一位项目经理，每年管理 1200 万美元的施工项目。

如今乔希已经独立创业，成为一名成功的承包商、房屋改造商和投资人，而他一路上依然不断冒险、不断思考如何做事。

“做之前，谁也不知道应该怎么做，”乔希说，“然而由于某种原因，人们往往害怕陷入窘境，不愿尝试新鲜事物。

“如今网络很发达，也有很多人愿意提供建议，不管什么事情你都能弄明白如何去做。”乔希想了想说，“我以前并不懂如何安装热水器，但后来我一天能安装三台。”

如果你问乔希的亲人、朋友和客户，他们认识的人中谁最快乐，他们几乎都会说是乔希。

身处这样一个工作期限非常紧张的领域，又要经常与那些喜欢承接更多工程量的分包商打交道，动辄就会出现充满压力的连锁反应，而乔希似乎可以面带微笑徜徉其中。

“我在这上面用了心。”乔希解释说，“就像我一直在学习跟工作相关的新鲜事物——无论是密封平台还是薪资或者账务管理——我也一直在学习如何让自己更快乐、更有效率，如何做一个更好的父亲。”

乔希提供了三条关于快乐的建议：

1. 清理环境。“你身边的每个人都会对你产生影响。”乔希说，“你经常跟谁打交道？谁在影响你？”

寻找那些能让你更快乐、让你自我感觉更好、让你觉得生活是快乐旅行而非残酷折磨的人，多跟他们相处。

2. 敢于冒险。机遇的种子常常埋在不确定的土壤里。

如果不去尝试，一切都让人却步。“尝试新鲜事物，”乔希说，“意味着不断学习新东西，这会让你更快乐，并对未来的每一天都充满期待。”

3. 打造自己的支持团队。对于自己渴望掌握的各个领域，乔希都曾与数百位专家交谈请教，如今无论遇到什么困难，他都能找到可以求助的人。

“我一直乐于帮助他人，因此只要我开口，人们就很乐意帮助我。”乔希解释说。

“我找到这些人，”他说，“把他们挑选出来。每当我需要的时候总有很多人愿意帮我，这让我感到很惊奇。”

乔希带着满足的微笑总结说：“拥有这样的支持会让你得到解放，你可以放心大胆去冒险，你可以自由自在地过快乐的生活。”

苏妮·福克斯

快乐不停步

Happy Stories!

不抱怨的人生，
才有无限可能

一位跑步者与轮椅上的同伴相互教给对方快乐。

慢跑大有益处，不仅有益于你的腿和脚，

也有益于大地，让它感到自己不可缺少。

——查尔斯 · 舒尔茨

“冲啊！黄金战士，向前冲！”布格大喊。

苏妮感觉自己推的是一辆重型卡车。对长跑选手来说顶风奔跑已经很艰难了，而推着坐在轮椅里的孩子在强风中前进 13.1 英里足以耗尽你所有的力量。

“黄金战士……嘿，苏妮小姐！”布格呼喊着，“冲冲冲！”

苏妮气喘吁吁地说：“我们……一定……能……成功……红衣……战士。”

达里尔 · 麦克莱恩，也就是布格，是苏妮这次比赛的队长。因而苏妮便成为布格的守护神。布格乘坐的轮椅他们称为战车。布格和苏妮一起参加比赛已经一年有余，他们在路上共度了几十个小时，如今已亲密无间。

“他们要超过我们了。”布格提醒说。

苏妮瞥了一眼从左边稳步赶上的男人，他的跑鞋踏在地面上发出有节奏的啪啪声。他平稳的脚步声中夹杂着轮椅轮胎轻柔的呼呼声，这两种声音的组合是让苏妮心情平静的音乐。

“他们不会超过我们的。”苏妮说。

“啊，他们会超过我们的。”小布格急躁地回答。

“他们就只能想想，”苏妮取笑说，她俯下头，突然加快了速度，隐秘地低语道，“别忘了，小子，我们有秘密武器。”

布格的脸上绽开灿烂的笑容，尖叫道：“蜘蛛侠贴纸！”

“蜘蛛侠贴纸！”苏妮也喊道。

布格想知道他最喜欢的超级英雄的贴纸是否还粘在自己脸上。在这种情形下，布格的同龄人会用手摸一下脸颊。

而布格却无法做到。

他天生患有关节挛缩症，患有这种病症的孩子天生关节僵硬弯曲，手腕、膝盖、臀部和其他关节动起来会很生硬而且活动有限。苏妮解释布格的关节挛缩症的时候，会简洁地说：“也就是他的胳膊和腿都动不了。”

“医生已经试过所有办法，”苏妮解释说，“手术、支架、奇特装置、把钢钉植入腿中——想让他的关节动起来。他三岁了，却不能走路，也不能跑，所以我来替他跑。”

苏妮和布格最初结成一队是源于霍伊特队，瑞克·霍伊特和他的父亲迪克。瑞克·霍伊特生于 1962 年，被诊断为痉挛性四肢瘫痪和大脑性麻痹。人们建议瑞克的父母把他送进专门机构，但迪克和朱迪・霍伊特拒绝了，他们努力让瑞克融入社会。在那个时候，为了不拖累家庭，残疾人经常遭到遗弃。

瑞克 15 岁那年告诉父亲，他想参加 10 公里跑，帮助在车祸中瘫痪的曲棍球运动员筹集善款。迪克并不是运动员，但他丝毫没有考虑这件事会有多么艰难，就毅然决定推着瑞克的轮椅参加比赛。他们跑完了全程，倒数第二个到达终点。

这仅仅是开始。队长瑞克和他的守护神父亲迪克开始报名参加一场又一场比赛，在此过程中，他们激励了越来越多的跑步者推着坐在轮椅里的孩子或身材弱小的成年人一起参加比赛。

苏妮和布格并非每次比赛都一起参加，不过他们一起参加的次数居多，他们的关系也越来越亲密。“每次我们沿着湖边跑步，布格都会谈到鹅，”苏妮大笑着说，“要不就一路讨论他的两个最爱：金刚战士和蜘蛛侠。”

苏妮在折扣商店的通道走来走去寻找蜘蛛侠贴纸和其他好玩意儿送给布格，她心想自己是多么快乐而布格对她是多么重要。两人的共同点并非显而易见。

人们一眼就能看出布格身体的疾病，可是很少有人知道高大健壮的琳达・苏妮・福克斯已经与甲状腺癌战斗了五年有余。

“我发现自己生病的过程其实很离奇，”苏妮讲述道，“那时我丈夫已经同癌症战斗了一年多，我开始经常感到很累。我发现喉咙里有个肿块，就去了医院，结果查出我也患上了癌症。”

过了良久，苏妮才继续回忆说：“当我得知自己患上癌症后，就对自己承诺要参加1000次赛跑。”她露出甜甜的微笑：“许多次我一边跑一边想，我到底在想什么。”

自从她决心参加1000次赛跑比赛，苏妮或独自一人、或与布格一起、或与其他队长一起，共跑完了8场马拉松、20多场半程马拉松和介于两者之间的各种比赛。

刚刚过去的周末，苏妮和队长布格跑完了5公里，她参加的比赛次数增加到366场。尽管推着布格的战车让她的速度慢了许多，但56岁的苏妮依然赢得了她所在年龄组的冠军。苏妮嘲弄地说：“也许到了95岁我还在参加比赛，到时候可能我们年龄组只有我一个人了。可是即使采取消耗战赢得比赛，感觉也很好。”

苏妮对布格充满感激，甚至对疾病也充满感激，因为这两者都在提醒她，无论生活带来什么，快乐是自己的选择。

关于如何保持快乐，苏妮给了三条建议：

1. 谨记总有人比你更悲惨。“我虽然患上癌症，但终会治愈。至少我的腿可以动，我还可以推着布格上路。”苏妮说。

2. 与人行善。苏妮说：“我觉得跟霍伊特一家一起帮助孩子们让我们更快乐。我们都明白其实大家在相互帮助。”

3. 经常运动。运动除了能够促进内啡肽的分泌，还有许多其他益处，让你感到更快乐。“一想到自己可能处于最佳状态，还会成为他人的榜样，我就会很快乐。”苏妮如是说。

在接受癌症治疗的过程中，苏妮依然坚持参加赛跑。她说："虽然我感觉很不好，但如果早上不锻炼我会感觉更不好。"

快乐源于快乐的心态。若要培养快乐的心态，你只需牢记总有人比你更悲惨、与人行善并找时间多运动。

快乐是一场马拉松，而不是短跑冲刺。

快乐服务

霍伊特队的网址：www.teamhoyt.com

贝茨·里韦特

开启快乐之门的钥匙

Happy Stories！

不抱怨的人生，
才有无限可能

一把钥匙引导她踏上寻找真相的旅程，发掘宽恕和快乐的能力。

快乐取决于我们自己。

——亚里士多德

一切源于一把钥匙。

贝茨穿过西尔斯停车场，朝自己的汽车走去，她低头看着手中的一串钥匙想找找车钥匙，不过她根本无须看钥匙扣——凭感觉就知道哪把是车钥匙。

然而，这把钥匙却不是贝茨的，而是她丈夫奥默的。匆匆出门她抓错了钥匙。

贝茨仔细瞅着这串钥匙，发现有一把自己从未见过。她的手指拨过这把钥匙，继续看其他的，可是不知道为何，她又把这把不熟悉的钥匙拨了回来。

贝茨久久盯着这把钥匙，它看上去还很新。

她走到车前，拿起钥匙准备打开车门，而那把新钥匙在阳光下闪闪发光，她不由得又仔细研究起来。

贝茨转身走回西尔斯，她的脑海中一片混乱，充斥着各种各样的问题和猜测，比如：

· 看上去像公寓钥匙，我丈夫的钥匙扣上怎么会有公寓钥匙呢？

· 这把钥匙也许是以前的，他忘了扔掉了。可是如果真是那样，我以前怎么没注意到？而且看上去还很新？

· 也许是他办公室的钥匙，可是看上去不太像办公室的钥匙。

· 也许只是一把普通的钥匙而已，可是为何我强烈地感觉到这把钥匙非常重要呢？

她完全没意识到自己竟然把心中的问题大声说了出来。

“您有什么需要吗？”服务台后的年轻人微笑着问她。

“我想配一把钥匙。”贝茨伸出手，手心里是那把钥匙。

年轻人配好钥匙，递给她。她内心深处有个声音提醒自己，配钥匙的事情不能向任何人提及。

之后的几个星期中，奥默原本普通的行为开始变得可疑。一天晚上，贝茨正在准备晚餐，电话响起。她拿起电话听了一分钟，平静地问：“你要工作到很晚……又加班？”

“嘿，加班钱很多啊。”奥默再次搬出这个反复使用的理由。

贝茨独自在黑暗中坐了很久。突然，她站起来，抓起包出了门。

她把车停在奥默单位的大门前。

“需要我帮忙吗？”门卫询问道。

“怎么没有灯？”贝茨指向漆黑一片的停车场。

“灯？什么灯？夫人？”

“停车场为加班的人留的灯。”

门卫思索了片刻，回答说：“夫人，我们这里两年多都没有人加过班了。”

她并不想玩拼图，可是拼图却出现在她的面前——又拼好了一片。贝茨开车回家，手中一直捏着那把钥匙。泪水顺着她的脸颊流下来，可她并未对奥默提及一个字。

500 美元聘请的私家侦探搜寻到奥默不忠的充分证据。

拿到侦探的报告后贝茨心碎不已。几天后奥默又打电话回来说要加班。贝茨等了几个小时，然后悄然出门。

按照侦探提供的地址，贝茨来到一扇门前。她长叹了一口气，掏出钥匙——那把开启一切的钥匙——轻轻插入锁扣，门咔嗒一声开了，贝茨悄悄溜进去。

她从包里掏出手电筒，穿过漆黑的公寓，用手电筒照了照每个房间。她走到最左边紧闭的门前，用力推开。

手电筒的灯光首先照到一个女人的身影，她惊恐地尖叫着，紧紧拉起被子，盖到下巴处。然后，贝茨把光线移向右边，看到了他。仓皇失措、尖声大叫、恶狠狠的他，手电筒的灯光照着他的眼睛，他什么也看不到。

“你这个下流的人渣！”

奥默听出了她的声音，也明白了自己的错误已将藏身的谎言沙堡摧毁。

颤抖的灯光下，贝茨看到奥默拼命用被单遮掩自己赤裸的身体。

“我要跟你谈谈。”贝茨严厉地说，语气中却没有丝毫的愤怒。

奥默不愿赤身裸体从床上爬起来，尽管在过去十几年的婚姻中贝茨不止几千次见过他的裸体，赤裸裸站在妻子和情人面前对于他还是过于尴尬。

很久之后，奥默和贝茨谈了谈。

后来他们又谈了很多次，几个星期的时间里他们谈了好几个小时，最终决定分开。贝茨的家里从没有人离过婚，这个词从未提及，然而这却是贝茨的道路。

贝茨和三个女儿开始了新的生活。

那是 1969 年。而今，84 岁的贝茨谈到这次离婚的始末如同谈论天气一样坦然自若。贝蒂・贝茨・里韦特，早已经放下了对奥默的愤怒和憎恨。

贝茨说："这需要时间，也并不容易。但我觉得自己处理得很好，因为人们对我说我是他们认识的最快乐的人。"

回首过去 80 多年的生活，贝茨为我们提供了三条有关快乐生活的建议：

1. 过去的事情就让它过去。如果现在他没有背叛你，可能以后会有其他人背叛你。背叛总会让人伤心不已，但治愈受伤心灵的最快方法是不再怀着憎恨和愤怒的心情"触碰伤口"。接受发生的一切，生活还要继续。

2. 让世界变得更美好。"如何把世界变得更美好？"贝茨问，小孩子一样兴奋不已，"答案是让自己变得更好，努力成为别人期望共处的人。你要多考虑身边的人。提升自己并不是虚荣或自私，不断改进自己才能让与你相处的人从中受益，这种做法其实很体贴、很大方。”

3. 感激自己的幸运。快乐的人们常常说感恩很重要，而贝茨对此有更进一步的阐述。

贝茨有 11 个孙子孙女，是 11 个孩子的曾祖母，她劝诫我们说：“不要只是想着你感恩的东西，要去感受感恩的感觉。培养那种感恩于生命中各种人和事的感觉。”

“我这一生非常美好，”对于丈夫的不忠贝茨没有多置一言，也没有再去想，甚至也没有提及在 2011 年夺去她一只乳房的癌症，“我经历过很多事情。可是，我觉得很美好——我很快乐。”

贝茨倾身上前，道出了最后也是最重要的一条建议：“不要回头——要一直向前看。”

罗伯特·斯科菲尔德

快乐家园

Happy Stories!

不抱怨的人生，才有无限可能

他与两个儿子流离失所，
才恍然明白生命中最重要的东西。

此心安处是吾家

最大的幸福是我的牵挂

迷失天涯的游子们

心中装满了忧愁与痛苦

最好的选择仍是家

——亨利 · 沃兹沃斯 · 朗费罗

不应该这么难啊，罗伯特一边想一边走出无家可归者收容所。

这一天，37岁的罗伯特·斯科菲尔德去了三家收容所寻求援助，却遭到三次拒绝。

他叹了口气，继续跋涉，可他不知道接下来应该去哪里。他的两个儿子——14岁的罗伯特五世和13岁的耶利米步调一致地慢吞吞地跟在他后面。罗伯特能感觉到儿子失望的目光灼烧着自己的后背。

三个人不像在走路，更像在慢慢踱步。当你无处可去，就不会着急匆匆。酷热潮湿的空气令人窒息，但长期暴露在灼热的太阳下，他们已经对圣彼得斯堡的酷暑变得麻木。

短短三个月的时间里，罗伯特的生活像鸡蛋一样被搅来搅去。房地产泡沫的破灭最终推倒了罗伯特供职的公司，他们公司因建设手机信号塔而发财致富，然而后来却做了一个极不明智的决定。突然涌入的大量资金让他们陷入狂妄自大，转而开始建造高级公寓。他们的业务转型选在了最糟糕的时期。

罗伯特是公司的卡车司机，他被解雇了，之后他立即开始找工作。却发现 2009 年的全球经济衰退让他举步维艰，在过于饱和的人才市场根本无法找到工作。

罗伯特的压力越来越大，而他的第二任妻子也开始焦虑恐慌。他们发生了争吵。

有一天找工作回来，罗伯特发现妻子已经离家而去，带走了最小的女儿。

他被彻底打垮了。“我一直在劳动，”他说，“从未停止过工作。而今我失去了工作，也找不到新工作。而且，我的妻子带走了我的小女儿。”

罗伯特觉得生活已经跌到谷底，然而他很快发现还有更糟糕的事情等在前面。

“我不管！”罗伯特向前妻解释自己目前的生活很艰辛，而她却大喊，“我真的不管！”她把两个儿子推向罗伯特：“这两个儿子我养了将近 13 年，他们也是你的孩子，现在该你负责了。”

两个男孩的个头儿快赶上父亲了，他们默默地看着罗伯特。罗伯特转身走回房间，他们像小鸭子一样跟在后面。

罗伯特的儿子还没来得及住进新家，却发现原来的家已经不属于他们了。罗伯特的第二任妻子离开的时候几乎带走了所有财物，现在他付不起房租，和儿子一起被赶到大街上。

罗伯特三世带领罗伯特五世和耶利米走遍了每一家教堂、收容所和救助中心，却都两手空空被赶了出来。罗伯特发现无家可归者也分等级。就救助穷人而言，无家可归又带着孩子的女人最容易获得帮助，接下来是无家可归但没有孩子的女人，然后是无家可归但没有孩子的男人。最难获得援助的是罗伯特这样的群体——无家可归又带着孩子的男人。

罗伯特不明白自己怎么会陷入如此困境，而且依照目前事情发展的态势，他看不到任何复苏的希望。

有人推荐了另一家帮助穷人的机构，罗伯特跟他们联系了一下。起初他以为只是走走过场，结果却惊喜地听到工作人员说愿意提供帮助。

佛罗里达复活救助中心是一家向成年人提供转机项目的非营利组织。这家专门的机构向最有需要的人传授生活技能，包括如何带孩子、如何理财、如何找到并保住工作。

救助中心还提供住所——但要花些心思。

如果某个家庭准备买房——通常是第一次买房——他们可以把救助中心住所内的所有家居用品都带走。所有的一切——从床和被单到咖啡机——都属于他们所有。这个家庭带走家居用品是为了让他们平稳过渡到新生活，为他们创造一种成功延续的感觉。

救助中心的女士带着热情的微笑，递给罗伯特一张申请表和一份救助中心的简介。

· 你要学习创建家庭预算，以帮助你找到工作，之后你要记录自己的开销，并对费用和预算进行对比。

· 这里宵禁很严格——不容任何例外。

· 12 岁以下的孩子必须时刻有父母陪同，也就是说，不管你因什么原因外出，必须带着孩子。

· 所有孩子都要去上学，每周要参加两次课外辅导班。

罗伯特填写了申请表，获得了批准。他和儿子搬进新家，不久他妻子和女儿也搬了过来。

罗伯特还找到了一份工作——一份他无比热爱也十分擅长的工作。如今罗伯特是救助中心的校园指导员。“从根本上说，我在做需要做的事情，”他说，“但是我真正的工作其实只是聆听或者奉上一句善语。”

罗伯特给了三条快乐建议：

1. 牢记自己为快乐而生。“我们每个人都生而快乐，”罗伯特说，“只是渐渐被生活击败，但孩子总是很快乐。”

2. 发现自我，欣赏自我。“如果我可以给孩子一项忠告，”罗伯特说，“那就是了解自己是谁。我花了 36 年的时间才真正了解自己，接受自己。”

“更让人诧异的是，”罗伯特有些困惑地笑着说，“我看到很多人着迷于自我完善的游戏，费尽心思去修复根本没坏的东西。”

3. 不再担忧。提及人们多么喜欢担忧，罗伯特谈兴渐浓。

“很多人忧心忡忡地等待某些事情的发生，”罗伯特提高了声音，充满激情地说，“而我，得到回应之前我不会担心。如果担心有用的话，我早就担心了。”

“我们东奔西走，似乎世界末日就要到来。可是我们的记忆是如此短暂。”罗伯特用双手画了一个大大的弧，微笑着说，“你已经成功渡过每一个难关，却为何觉得自己不能渡过这一个呢？”

快乐服务

佛罗里达复活救助中心的网址：

www.floridaresurrectionhouse.com

普吉·李

快乐之光

Happy Stories!

不抱怨的人生，才有无限可能

生活在炒杂烩剧场的儿童演员在成长中寻找快乐。

经过雨水的敲打，桃金娘才会开花。

——夏威夷谚语

“小星星该闪耀了。”普吉·李的母亲柔声唤醒沉睡中的女儿。这句话她每晚要说好几次，每周五天，已经有十几年的时间了。

12 岁的普吉依然睡眼蒙眬，跌跌撞撞从舞台背后的狭小栖息地爬起来。她的眼睛仍然闭着，享受最后几秒钟的睡眠。其实她也无须睁开眼睛，她的身体对道路已经很熟悉。

她像睁着眼睛走路一样，步伐如此精确，不偏不倚来到门前。当她把小手按在黄铜门牌上把门打开的那一刻，普吉完全变了一副模样。

当嗡嗡的舞台灯再次用温暖的光线笼罩住她，普吉前一秒还睡意惺忪的脸突然绽开灿烂的笑容，眼睛也豁然张开。

我也许还在睡梦中吧，普吉心中想。

很久以前她的身体就记下了每一步、每个停顿和每个精心设计的舞蹈动作，这个舞蹈是她的母亲和祖母为她量身打造的。普吉飘浮在舞蹈表演中，几乎没有察觉到人群、音乐、香烟的蓝雾和美式中餐的油腻气味。

普吉从两岁开始，就成为炒杂烩剧场的舞蹈演员。十年后，除了照常上学外，她每周有五个晚上都要与母亲和祖母一起跳舞。

很多二战归来的美国士兵无比怀念太平洋沿岸地区又甜又辣的美食。之后的几十年中，中餐厅和波利尼西亚餐厅在美国遍地开花。

原本只有一两家这样餐厅的城市，到 20 世纪六七十年代就出现了几十家。精明的餐厅老板为了突显自己的独特，会雇用演员为前来用餐的顾客表演歌舞。

通常情况下，表演家族来到城里，会在当地的餐厅表演节目招揽生意。然而时间一长，生意会逐渐衰退，因为观众已经看厌了一遍又一遍的重复表演。

这个时候旧的表演者会被解雇，新的剧目上演会重振餐馆的生意。被辞退的表演者会漂泊到另一座城镇讨生活。这就是炒杂烩剧场的生活。

每天晚上，普吉会跳两三次草裙舞，她的母亲和祖母也会在两侧随着韵律摇摆身体。

普吉回忆说："我们一到城里，妈妈就会说服一家亚洲餐馆的老板给我们一次尝试的机会。如果我们的表演轰动一时，就会在那里待一段时间。如果失败了，就要重新上路。"

普吉带着怀旧留恋的微笑说："到 14 岁那年，我已经在 50 多个城市生活过。回首往事，一直跳舞虽然不容易，但我很喜欢。我真的很喜欢。其实，只有跳舞的时候，我才感到自己被人欣赏和重视。”

由于不停迁移，普吉经常是城里新来的孩子。

“也许曾有人对你说：‘我是军队里长大的孩子，小时候我们每年搬一次家。’但有时我们每个月会搬一次家，甚至搬好几次。如果我们的表演带来轰动，就会在那里待上一年，但这种情况很少出现。”

小孩子会跟朋友建立深厚长久的友谊，有时这种关系会持续一生。然而，建立亲密的关系需要时间，如果你无法长久待在某个地方，就很难培养出深厚长久的友谊。

普吉没有足够的时间建立亲密团体来获得友谊和支持，她经常遭到无情的嘲弄。她灿烂迷人的微笑，即使如今已经 52 岁，也足以媲美米克·贾格尔和卡罗尔·伯内特——可儿时却给她带来无数伤人的恶言。

“他们叫我厚嘴狮子，”普吉说，“我根本不知道这是什么意思，可是那个时候却让我很伤心。”

还有她的种族问题。

“我不是白人——人们都能看出来，”普吉解释说，“可是我也不是黑人。我的皮肤并不是深褐色的，而且我长得也不像亚洲人。孩子们不知道应该把我归为哪一类，这让他们很着恼。20 世纪 60 年代的中西部地区，对于种族归属不清的人来说生活可并非易事。”

正式声明一下，普吉是波利尼西亚人。

当普吉长成身体细长而笨拙的少女，母亲和祖母觉得她不再适合充当节目中小巧玲珑的可爱搭档，就把她寄养在患有严重抑郁症和其他心理疾病的姑妈家里。

虽然她很高兴长期待在同一个地方，可以交朋友，但她很想念母亲和祖母，也很怀念表演带来的赞赏声。

除了拥有一段非同寻常的艰难童年，普吉长大后也经历过困苦，曾经两度流离失所。

然而，如果你问每个认识她的人——或者每个见过她的人——他们都会说，在她身边你会感到快乐的力量如同阳光一样蓬勃而出。

普吉是如何走出艰辛的童年，变成明亮灿烂的快乐之光的呢？她给出三条适用于自己的建议：

1. 转移注意力。如果我们一直关注自身，就会如同黑洞一样想要得到更多——更多的金钱，更高的地位，更健康的身体，更多的朋友，更多的一切。黑洞永远无法填满。而从空无到圆满最便捷的路径是希望他人得到快乐。

当你一心希望他人快乐，你的注意力就从自身移开，内心“不满足”的声音会安静下来。而且，与你接触的人感受到你积极的意向，会放下戒备。没有戒备就没有抵御，没有抵御就没有分歧。

当你把注意力转向如何让家人朋友更快乐，你就是在给予，而给予会为你们的关系增添价值。而若你把注意力放在如何从家人朋友身上获取快乐，你就是在索取——索取会贬低这份关系的价值。

2. 靠近光亮。普吉永远不会忘记站在聚光灯下接受观众的感谢和赞美给自己带来的喜悦和激动。

只有一小群人会在感情上为你着想，全心接受你独特的人性光辉，不需要你做任何改变。而能够做到这些并觉得你迷人而有魅力的人则少之又少。尽量多跟这些人交流互动。

快乐和自尊是成比例的，你越觉得自己很好，就越快乐。

“每天早上醒来，想到又有 24 小时可以做自己，我就兴奋不已！”普吉滔滔不绝地说。这绝不是虚荣心。虚荣心是把自己当作宇宙的中心，而接受赞美和认可是尽情享受照亮道路的阳光。

3. 快乐孕育幸福。“当你开启快乐的生活，就会吸引其他快乐的人，让更多快乐的人聚集在一起。”普吉微笑的嘴角和眼睛散发出热情和温暖。

快乐是永动机，一旦开启就会一直转动，永不停息。

快乐的语言

夏威夷语中，快乐一词是 Hau'oli（豪欧里）。

泽维尔·乌尔维纳

因自由而快乐

Happy Stories!

不抱怨的人生，
才有无限可能

一家人不顾一切争取自由和快乐。

快乐的秘诀是自由，而自由的秘诀是勇气。

——修昔底德

“把他交给我吧。”弗朗西斯科·乌尔维纳低声说，把手伸向大儿子。

“我可以的。”泽维尔喘着粗气说，浓重的喘息让他的声音显得很响亮，与他们家庭所处的境地有些格格不入。13 岁的泽维尔已经背着三岁的弟弟奥马尔走了将近三个小时。

泽维尔俯下身子斜斜左肩，调整奥马尔在自己背上的位置，让重量分布得更均匀。他用眼睛的余光看到母亲米莉在月光下的身影。他身前站着 32 岁的父亲弗朗西斯科，弯着腰，手搭在膝盖上，呼吸沉重。在泽维尔眼中，父亲比上个星期一下子老了几十岁。

他们选择的时机非常好，月光刚刚能看到路，却不会被发现。这是最后一步了，成败在此一举。如果失败了，全家人都逃脱不了死亡。而若成功了，就意味着终于摆脱迫害。

他们一家四口准备穿越格兰德河逃往美国。他们的旅程只剩下一段百米宽的泥水，需要游泳和徒步涉水并用。他们已经靠着双脚逃离了墨西哥城。

穿越黄沙不断流动的炎热的索诺兰沙漠，最艰难的任务是背奥马尔。他们选择北线是因为这条路更不容易被发现。

出逃的路上，奥马尔偶尔自己走路，剩下的时间由泽维尔和父亲轮流背着。米莉步履艰难地跟在后面，一路走，一路祈祷。

而现在……现在她能看到远处厄尔巴索的上空升起幽幽的薄雾。她的祈祷马上就要实现。

十年来，乌尔维纳一家在墨西哥历经种种威胁和骚乱。年复一年，恐惧和恫吓的统治手段愈演愈烈。

政治斗争是各个派系之间的权力较量，夹在中间的人民要么加入一方，要么就会受到迫害。

“墨西哥政府在掩盖真相方面做得非常出色，”泽维尔说，“墨西哥与美国做了不少交易，如果人民看清了动乱和压迫的严重程度，就会要求改革。”

当权者从不喜欢变革，因为变革会威胁到他们的权力。

“我出生在墨西哥城，”泽维尔用流利的英语叙说着，“由于我父亲来自墨西哥南部，不愿遵从人人参军的强制要求，政府就把我们视为反叛分子。但是，我父亲也拒绝加入反动派，所以反动派又把我们当作政府支持者。政府和反动派都觉得，如果你不公开拥护，就是反对。”

泽维尔停下来吸了一口气，接着说：“我曾问过父亲，他是否受到两方的威胁或折磨。”他的声音低了下来，变成同情的低语：“可是我每次提起，他都会打断我的话。后来我们就再也没有谈论过这件事。”

泽维尔十岁那年，反动派的势力逐渐渗入墨西哥城。由于人员不足，反动派到处征召年轻人加入。

“我刚满 13 岁，”泽维尔回忆说，“就碰到两个反动派士兵让我参加抵抗运动。他们说会给我一把枪，还会给我钱，声称：‘我们一起抵抗政府。’”

后来反动派铤而走险，招募不到新兵就开始到处抓丁。他们持枪闯入民宅，绑架家里的年轻男子。这些少年被带到反动派的阵营接受训练，如若不从就会受到死亡的威胁。之后他们被逼着去杀戮——甚至去杀害自己的朋友和邻居。

泽维尔所在的社区共有十个青少年，一夜之间就消失了七个。

大规模绑架行动后的早上，弗朗西斯科用颤抖的双手捧着咖啡，目不转睛地看着泽维尔。仿佛不小心大声说出了心里话，他宣布：“在他们抓走你之前，我们去美国吧。”

跨越国境线来到美国之后，他们一家为了生存做过各种零工。多年来他们第一次远离了恐惧。然而，崭新的现实促使他们不得不继续逃亡计划。

如果他们在美国被发现是非法移民，就会被立刻遣返回墨西哥，到时候政府和反动派都会把他们的出逃视为罪行，进而更加猛烈地攻击他们。

而如果继续北上逃到加拿大，即使被发现，他们也可以自主选择被放逐的国家。

乌尔维纳一家最终来到加拿大安大略省的温莎，并找到了稳定的工作。来到北美不到一年的时间，14 岁的泽维尔就可以讲一口流利的英语，还为父母充当翻译。

这个非法移民的少年成为所在高中的班长和足球队长，赢得了校董事会的多个奖项。最为重要的是，加拿大教育部部长把泽维尔·乌尔维纳评为全国青年领袖之首。

如今 22 岁的泽维尔在冬日难民中心工作，这个中心是安大略伦敦主教机构的分支——当年正是这家机构帮助他和家人获得了加拿大永久居留权。

要想了解泽维尔，首先要了解他的微笑。他的微笑似乎负有使命。每天早上醒来，泽维尔灿烂的笑容就开始照耀世界，带领他度过美好的一天。他就是快乐的化身。

以下是泽维尔的三条快乐建议：

1. 相信一切皆可能。“面对艰难处境，”泽维尔说，“我会把一切交给上帝，相信上帝会妥善处理。我不会为困难感到悲伤难过，而是将其视为全新的生命体验，从中学到新东西。”

2. 心怀意念。“墨西哥有句俗语说：‘无论刮风下雨，早上太阳会照常升起。’”泽维尔说，“不要把目光集中在问题上，而要放在自己想要的结果上。”

3. 微笑，一直微笑。“微笑是全世界通用的语言，”泽维尔脸上的表情充分证明了自己的话语，“你不知道自己的微笑能改变哪个人的生活。当你带着微笑走向生活，你就是在彰显力量和乐观，这是世界缺乏的东西。如果你能在生命中最艰难的时刻保持微笑，一切都将变得顺利而简单。”

快乐的语言

西班牙语中，快乐一词为 feliz（费利茨）。

洛伦佐·罗斯

开出快乐的花朵

Happy Stories!

不抱怨的人生，
才有无限可能

一个陌生人用问候彻底改变了整个小镇

生命旅程的意义不在于走多远，而在于一路上遇见了谁。

——美国谚语

那一年，一位残疾的年轻女孩开始接触别人。

那一年，高中女子曲棍球队走向全州。

那一年，一心想要自杀的中年女人做出另一种选择。

那一年，纽约格林威治镇的人们都感到更加快乐。

格林威治是一个风景如画的小镇，全镇一万八千名居民都相互认识、相互联系。来到格林威治镇，你很难不用别致和迷人来形容这个小镇。

那一年——对于格林威治镇来说是有着特殊意义的一年——一切始于某个人决心做出些许的改变。

洛伦佐·罗斯连续第三个夏天来到格林威治镇，他所在的公司要在全镇铺设新的煤气管道。洛伦佐是工程队的信号旗手，每天有

12~15个小时站在同一个地方指挥施工道路上的来往车辆。

“我看着他们每天上班回家，”洛伦佐说，“你认识每一辆车，认识每一个人。”每说几个字他就愉快地轻声笑一下，“有一天我脑海里出现一种想法。我站在那里，总要思考一些愉悦的事情，那我为何不朝过往的人们挥挥手呢？”

他开始付诸行动，向每位路过的司机、行人和玩滑板的人挥手致意。一开始根本没有人回应。

“没有人理会我！”洛伦佐依然笑着说，“我继续对每辆经过的汽车打招呼，对每个人露出笑容。”

到了第二天，有几个人摇着手回应他。第三天，洛伦佐还没来得及打招呼，就有几个人主动朝他招手。

一切从此开始生长。

过去两年中，洛伦佐在这个小镇工作了六个月。而今做着同样工作的他决定与经过的每个人建立联系。没过多久，格林威治镇的人们不再避开施工工地，反而特意绕路过来放慢车速迎接洛伦佐的问候，甚至有人下车来拥抱他。

洛伦佐对此着了迷。他每天十几个小时不停地微笑、挥手、送上美好的问候。他成了每个人开启一天的“清晨咖啡”和结束一天的舒心“美酒”。

一天早上，高中女子曲棍球队的队员们乘坐校车去参加比赛，经过洛伦佐身边的时候每个人都从车窗探出身体跟他击掌。那天球队赢得了比赛，她们把一切归功于洛伦佐。从那天开始，女孩们坚持每场比赛前都开车过来跟洛伦佐击掌。最终她们打进了全州总决赛。

又有一天，洛伦佐正在道路一边指挥交通——他的肢体动作是那么富有激情，几乎可以为皇家服务了——这时一位年轻的母亲摇下车窗，呼唤他的名字。洛伦佐走到车前，看到开车的是位和蔼的女人，后座绑着一个小孩子。

“你帮助了她。”那位母亲说。

“你说什么？”

那位母亲很兴奋能面对面跟洛伦佐说话，而不再是匆匆而过的路人。她说：“我的女儿，她生来残疾，无法把目光聚焦在人脸上。可是那天我们在车流中等着你指挥交通，我发现她在看你。不久，我发现她开始盯着我的脸，也开始盯着其他人的脸看了。”

眼泪顺着她的脸颊流下来，她伸出手，声音哽咽地说：“真的谢谢你，洛伦佐。”

洛伦佐握了握她的手，微笑着挥手让她过去了。

另一个女人，饱受生活苦痛的折磨，准备回家结束自己的生命，路上遇到洛伦佐扬起手让她停车。正纠结于生活“无望和空虚”的她把注意力转向这个跳跃着、微笑着、热情地向每个人打招呼的高大男人。他一整天站在炎热的太阳下，虽然有钢铁和玻璃相隔，他依然想方设法触到人们的生活和内心。

有生以来第一次，这个女人看到生命在于付出而不是获得。她回到家，决心走出自己的问题，开始帮助他人。

后来，人们开始给洛伦佐带各种各样的礼物。“有一天，一位老妇人给我带了些饼干。”洛伦佐沉浸在回忆中说，“还有一天，另一位女士也给我带了饼干。还有一天，有个人看我站在烈日下，就给了我一瓶水。”

洛伦佐停下来笑了几分钟，笑过之后他说：“天啊……我每天收到那么多水，分给施工队的每人几瓶，晚上回家还得带走一满箱。

“送比萨的人每次经过，都会让我点几个比萨，然后给我送过来——免费的比萨！我们施工队的人超爱吃！经常有比萨、苏打汽水和饼干——应有尽有，人们拿过来给我，我就与团队一起分享。”

可惜的是，所有美好的事情——哪怕是道路施工、交通瘫痪或者绕路行驶——都有结束的时候。每到 12 月中旬，格林威治镇的人们在为圣诞老人即将来临感到高兴的同时，也为洛伦佐就要离去而伤心难过。

格林威治镇举行了公开仪式，授予洛伦佐·罗斯荣誉市民的称号，镇长亲自为他颁发了城镇的钥匙。

也许你不能遇到隔着风挡玻璃向你微笑的洛伦佐本人，但你可以从他的三条快乐建议中学到很多。

1. 时刻面带微笑。“微笑会让你很放松。”洛伦佐说，“经过一天的工作和生活，我们可能会变得狂躁，可是一笑起来，我们就会化解掉这些负能量，不再紧张烦躁。”

洛伦佐依然面带 100 瓦的微笑，接着说：“微笑让我不去思考那些偷走欢乐的事情，微笑让我与欢乐时刻紧密相连。”

2. 不要为自己无法控制的事情紧张不安。“如果你能改变，就去做。”洛伦佐建议说，“如果你什么也做不了，最好交给上帝，相信一切都会有结果。”

3. 忘却痛苦。两年前，洛伦佐 20 岁的儿子因哮喘去世，他悲恸欲绝。然而，他努力把自己的精力从儿子去世的悲痛中转移出来，而去回忆颂扬他生命中的美好。

很少会有市民急切盼望着道路施工。同样，很少会有城镇有幸遇见洛伦佐·罗斯。

约翰·库尔茨

快乐的特权

Happy Stories!

不抱怨的人生，
才有无限可能

阿米什男人分享自己关于快乐的简单秘诀。

假如我们生活自在，做事有智慧，

我们就会发现只有最伟大和杰出的事物才能永存。

——亨利 · 戴维 · 梭罗

“我们到那边坐吧，”约翰指着房子前廊说，“那边凉快些。而且，你已经习惯用空调了。”

几分钟前，我沿着泥泞的道路把车开到约翰的车道上，外面的温度为 41.7 摄氏度。

我到的时候，61 岁的约翰 · 库尔茨正在挑选黄瓜准备腌制。他朝我大步走来，脸上挂着热情的微笑。他穿着蘑菇色的手工长袖衬衫、手工牛仔裤和吊裤带，戴着渐变色的眼镜和草帽，脚上穿着靴子。他的上唇刮得干干净净，而下巴长长的灰色胡须和浓密的花白鬓角连成了一片。

“我真没什么好说的。”约翰坐下说。

夏天的风吹拂着约翰门前种植的绿色庄稼，荡起翡翠色的涟漪，翻滚着涌向我和约翰所在的前廊。

约翰那匹带着棕色斑纹的灰色母马内莉拴在不远处的马柱上，在树荫下站着打瞌睡。约翰打算过一会儿骑着内莉去看看庄稼。

敞开的窗户传来嘘嘘嘘的声音，像是女人在吹奏颂歌。

“这声音是我的妻子埃玛在做黄油。”约翰回答了我心中的问题，他的眼睛与身后密苏里晴朗夏空的颜色一样湛蓝，“她从来不用搅拌器，总喜欢把牛奶倒进罐子里使劲摇。”

吹哨声停了下来，埃玛在厨房大声纠正说：“是乳酪。”

“什么？”约翰问道。

“你刚才说牛奶，”埃玛回答说，“其实我是用乳酪做黄油。”

埃玛走到前廊，带着灿烂热情的微笑跟我紧紧握了握手。寒暄几句后，她进厨房给我和约翰倒来冰水，装在玻璃瓶里，冰块是手工切制的。

我和约翰喝着冰水，微风吹来，暑热似乎没那么难以忍受了。

“你是我认识的第一个阿米什人。”我承认说。

约翰微笑着点点头，他已经习惯了人们对自己的好奇。“我的母语是德语，”他说，“我们讲话和祈祷都是用德语。所以有时候可能用英语表达会有些困难。”

街道对面的学校很热闹，老师们正在闷热的混凝土教室里忙碌准备着。8 月，这个阿米什地区的 25 个孩子就要重返校园了。一辆马车停在学校后面，不远处，与马车配套的比利时骟马正在茂盛的橡树下吃着草。

“我估计很快就要搬到多迪屋去住了。”约翰继续着仍未开始的对话。

看到我脸上困惑的表情，约翰解释说：“祖父的房子……多迪屋就是祖父的房子。”

如果真有让祖父居住的房子，约翰绝对有资格：他是十个孩子的父亲和 32 个孩子的祖父。

“是这样的，”约翰解释说，“当你老了，就搬进多迪屋，然后最小的已婚子女会搬到你家里。”

“那你搬过去之前谁在多迪屋住呢？”我问。

“我的岳父托布 · 德特韦勒，”他回答说，“他经营一家马具维修店铺，86 岁患了中风，94 岁去世。”

鸡群在附近的泥土里挠来挠去，一只公鸡踮起脚尖拍打着翅膀，大声啼叫起来。

“他的头脑还很清醒，”约翰说，“可是他的身体动不了。在他生命的最后七年里，能照顾他是我的特权。”

特权？

约翰没有说自己不得已要照顾他，也没说这件事是种折磨、麻烦或挣扎。他将连续 2600 个日夜照顾老人生理需求的职责视为一种特权。

而“特权”这个词很好地概括了约翰看待生活的视角。这是他的三条幸福建议：

1. 发掘自己享有的特权。约翰觉得自己能成为十个孩子的父亲和32个孩子的祖父是一种特权，能被任命为教堂的牧师是一种特权，能生活在阿米什人可以自由生活的国度是一种特权。

特权这个词的定义是赋予某人或特定人群的特殊权利。成为某个家庭的一员是少数人才有的特殊权利，所以是一种特权。成为孩子的父母是赋予你和另一个人的特殊权利，所以是一种特权。你拥有的工作是只给予某些人的特殊权利，所以工作也是一种特权。

当你把生活从“不得已”转移到“想要去”的时候，你就是在提醒自己享有多少特权。如果你知道这个世界上有上百万的人想要过上你的生活，你就会明白自己享有了多少特权。

如果你觉得自己享有特权，就会感到快乐，因为这时你关注的是自己拥有的众多恩典，而不是面对的几个困难。

2. 培养自己的灵性。许多研究都认为快乐与强烈的灵性有着密切的关系。我提及此事，约翰连连点头表示赞同。

“当然，”他说，“如果你的内心时刻充满害怕和焦虑，你就不可能快乐。内心安宁是连接灵性和快乐的桥梁。如果你相信这个世界有一种比你更强大的力量，它爱你、一心为你着想、无论何时都会为你排忧解难，你就会放轻松，内心充满安宁和快乐。”

3. 把家庭放在首位。那天晚上，约翰的儿女及其配偶，还有他们的32个孩子都会乘马车到约翰和埃玛家里来参加篝火晚会。

“我们的距离都不会超过五公里，”约翰说，“亲人都住在附近让我们的内心很平静。”

“归根结底，”约翰起身要带我参观他的农场，“一切源于内心的平静。如果你有 60 位亲人，他们都很爱你，而且都住得很近，坐马车不超过 30 分钟就能到达，你就会感觉到内心的平静。你会觉得自己很幸福，你会觉得自己拥有很多很多特权。”

快乐的语言

在德语中，快乐一词是 fröhlich（弗罗利希）。

诺尔玛・费里茨-戈登

在工作中寻找快乐

Happy Stories!

不抱怨的人生，
才有无限可能

一位女性转变职业，
帮助年轻人规划更快乐的生活。

笑口常开，爱心永在，赢得智者的尊重、孩子们的爱戴；

博得真诚的认可，容忍损友的背叛；欣赏美好的东西，发现别人的可爱。

学会无私地奉献，给世界增添光彩：要么培育出健康的孩子，要么留下花园一块，抑或是改善社会条件；

尽情娱乐、笑得畅快，把欢乐的歌唱起来；

甚至知道一个生命活得自在，因为你的一路走来……

这就是成功的内涵。

——贝西 · A. 斯坦利

白噪音。

一切都变成了白噪音。诺尔玛坐在椅子上，办公桌对面的椅子上懒洋洋地躺着一位 14 岁的客人。诺尔玛看着他，像是在看鬼魂一般。

又一个因侵犯他人而被捕的孩子，这样的孩子层出不穷，没完没了。

这个怒气冲冲、自以为是的小大人儿每句话都充斥着脏字儿，喋喋不休地诉说自己对获得他人尊重的渴求："多少次你得容忍他妈的浑蛋，跟我们胡搅蛮缠，去他妈的！"诺尔玛听他说着，觉得自己对这些污言秽语已经麻木不仁了。

如果说诺尔玛听到了这些话语，就说明她还在听。可是每天在纽约布鲁克林青少年拘留中心听这些少年无休无止地为自己的暴力和蓄意伤害寻找理由，聆听变得越来越困难。

诺尔玛感到内心有一种强烈的召唤，自己要通过工作来改变这个世界。然而她却开始怀疑这份工作是否能够做到。

"我觉得一定是因为自己面对的都是男孩子，"诺尔玛回忆说，"所以我要求调到布朗克斯的青少年拘留中心，专门处理女孩子的问题。"

诺尔玛轻轻摇了摇头，说："我原以为女孩子会有所不同，我以为她们不会有如此的暴力倾向。"

她顿了顿，继续讲述，声音却变得断断续续、死气沉沉："那天我面对一个十岁的小女孩，她是那么可爱的小东西，真的很讨人喜欢。"

"可是，这个宝贝小女孩，她……她却涉嫌杀害另一个十岁的女孩，"诺尔玛深吸了一口气，拼命克制自己的情绪，接着说，"因为那个女孩拿走了她的洋娃娃。就这么简单，你能相信吗？那个女孩拿走了别人的洋娃娃，结果就葬送了性命。"

她的眼睛湿润了，摇摇头，重复说了一遍"葬送了性命"，似乎这个词是外来语，她还不知道如何自如使用。

诺尔玛意识到自己介入得太晚，当这些孩子被送到她这里，他们的生活模式和环境都已经确定了。

她决定从治疗跳跃到预防。

人的一生中，高中高年级时期做出的决定至关重要。这个时期的人尚未成年但已不再是孩子，这时候做出的决定能够设定一生的道路，此后再难改变。

诺尔玛觉得自己周围的高中生很少能从父母那里获得全力的、充满爱意的支持。她希望能填平横亘在高中生需求和家长能力之间的鸿沟，于是改变了自己的职业，成为牙买加纽约皇后区山顶高中的一名指导老师。这所学校学生的多样化简直难以想象。

诺尔玛说到自己的学生时笑容里充满热情，她说："他们就像一颗颗闪烁的小星星，却不知道如何发光。我的工作就是帮助他们闪耀光芒。"

诺尔玛的学生大多来自偏远地区，诸如巴基斯坦、孟加拉、牙买加、海地和印度。很多孩子是非洲裔，还有些是拉美裔，也有个别白人孩子。"跟移民家长沟通很困难，"诺尔玛解释说，"几十年来他们听到的所谓成功和辉煌就是把儿女培养为美国医生。"

"可是并非每个孩子都想成为医生。"诺尔玛接着说，"其实，随着医疗行业的发展变化，有时进入其他领域能够赚更多的钱，经济前景更可观。"

学生们经常心烦意乱地来找诺尔玛，他们想攻读医学之外的学位，但他们的意愿跟家人的期待产生了冲突。"我让家长睁开眼睛，好好看看他们一手养大的年轻人。我让他们明白，快乐比任何特定的工作都更重要，而且如果一个人不知满足，再多的钱也不足够。"

诺尔玛的朋友、家人和同事都觉得她是最快乐的人。一个人若将帮助他人发光视为自己的职责，她自身就散发着快乐的光芒。

关于如何能更加快乐，诺尔玛给出三条建议：

1. 每一天也许不够美好，但每一天都蕴含着伟大。诺尔玛解释说："闹钟没响导致你起床晚了；热水器坏了；你去上班结果老板冲你发火。这一天结束的时候你回头看看，觉得糟糕透顶。或者，你可以回想自己这一天里帮助的人、完成的任务、经历的新鲜事，你就会发现这一天蕴含的伟大。"

2. 寻找自己热爱的工作。"仲夏到来，我可以去度假，但我选择工作，"诺尔玛说，"做计划、做调查，对我来说这些充满乐趣！"

再多的钱也无法弥补你穷尽一生却在做自己不喜欢的事情的损失。每个人心中都有自己更倾向的领域。当今的世界，你可以从互联网上获得一切知识，追寻自己的梦想变得轻而易举。

3. 知足常乐。"我办公室的墙上挂着玛娅·安吉洛的一句话：成功就是喜欢你自己，喜欢你做的事，喜欢你做事的方式。我从未刻意指给学生们看，但经常有人评论这句话，之后我们的对话就会进行得很顺利。"诺尔玛说。

·喜欢自己。做自己最好的朋友，好朋友从不会相互评判、相互指责，好朋友总是相互欣赏，透过怪癖的表象看到本质。

·做自己喜欢的事。无论何时开始把自己喜欢的事情当作生计，都为时不晚。“我告诉学生的父母，能有不同的目标固然很好，但最终要追随自己的内心，”诺尔玛说，“到最后，你唯一的希望是他们能获得快乐。”

· 喜欢自己的做事方式。“若想喜欢自己的做事方式，”诺尔玛解释说，“唯一的方法是尽自己最大的努力。”

无论你选择什么领域，能够为他人提供优质服务、做出自己的贡献，你就会得到自豪感和成就感，并因此感到快乐。

最后诺尔玛总结说：“我经常告诉孩子们：‘让今天的所作所为，成为你未来感恩的来源。’每一分钟我们都握有提升自我的机会。能够改变世界、让自己和他人生活得更好，我感到很快乐。”

快乐的语言

在阿拉伯国家，快乐是男孩女孩常用的名字。男孩取名为 Sa'id（萨伊德），女孩则是 Saida（萨伊达）。

查德·凯尼恩

快乐出色

Happy Stories!

不抱怨的人生，
才有无限可能

他忘却过去的伤痛和过失，发现了快乐和成功的秘诀。

长大成为真实的自己是需要勇气的。

——E.E. 卡明斯

他的朋友并没有想太多。对珍妮而言，这样的安排再完美不过。查德喜欢玩她的芭比娃娃，而自己喜欢玩他的风火轮赛车，所以他们就交换了玩具，这样不是很好吗？

每天早上她狼吞虎咽吃完早餐，就跑到他家里去。虽然不久就要去上幼儿园，但能在一起才是生活的重点。

一天，三个年龄稍长的男孩经过他们身边，停下了脚步。看到查德跟一个小女孩一起玩，他们就开始取笑他。“他们叫我娘娘腔，”查德回忆说，“我以前从未听过这个词，但我明白是什么意思。不知为何，我觉得很愧疚……很羞愧。”

查德·凯尼恩如今已经41岁，他微笑着继续讲述自己的故事：“我那时还数不到10，却明白自己与众不同。不过我发现其他孩子也能看出来这一点，还有几个孩子因此对我很刻薄。”

莱肯镇距离伊利诺伊州皮奥里亚大约30分钟的车程，在它的北边。1972年查德出生的时候，镇上的人要么在卡特彼勒公司上班，要么自己经营农场。20世纪70年代早期的美国乡村，人们从不在正式场合谈论同性恋，这个词主要用于男人间的相互辱骂。

“我的家人很爱我——我很清楚，”查德对我说，“我们都是很有爱心、感情很丰富的人。但是他们不知道应该如何正确对待我，而且那时我也像多数同性恋者一样，不愿意承认自己是同性恋的事实。

“在学校里，我更加迷茫。我知道同学们都喜欢我——还选我当班长。可是他们都喊我迪翁，就是艾迪·墨菲在《周六夜现场》节目中扮演的那个夸张的同性恋形象。

“我觉得自己得到的要么是亲切的爱抚，要么是恶意的侮辱，我不知道接下来还会遇到什么。”

查德希望能够逃离——逃到一个可以做自己、可以被原原本本接受的地方。

大学四年级的时候，查德终于如愿以偿。他获得赴西班牙留学的大使奖学金，而西班牙很快成为他新的家园。

有生以来第一次，查德可以自由做自己。马德里拥有大规模而活跃的同性恋社群，他很快被欧洲的文化和修养深深吸引。

查德爱上了这座城市，也爱上了一位名厨。不幸的是，在他们这段长达十年的感情中，查德渐渐堕入无度放纵和吸毒成瘾的双重深渊。

“我们一起在马德里最中心的楚埃卡区开了一家餐厅。”查德说，“我们原本只想成为一家吸引同性恋顾客的餐厅，没想到却很快受欢迎起来，越做越大。突然，我有了大量的时间和一大笔打发时间的金钱。以前我一直觉得不稳定，而现在的生活让我更加眩晕。我陷入混乱不堪的娱乐消遣，吸毒、狂欢、喝酒喝到失去知觉。”

查德停顿了一会儿，他的声音越来越低，如同在喃喃自语：“我想忘记一切。”他的眼睛湿润了：“我在莱肯几千英里之外的地方，却依然能感受到痛楚。”

24 岁的时候，查德被诊断为 HIV（人类免疫缺陷病毒）呈阳性。

“那时还没有鸡尾酒疗法，”查德回忆说，“HIV 阳性诊断无异于被判处死刑。我说服自己，既然难免一死，不如彻底放纵。”他摇着头，难以相信自己当初的行为，接着说：“某个周末，我吸了太多毒品，要用 30 多片唑吡坦来抑制。然后不停喝酒，处于半意识和彻底无意识的状态中。”

查德的厨师伴侣有个姐姐由于吸毒成瘾而去世，他无法继续看着自己的爱人毁掉自己、毁掉他们的餐厅和他自己的事业。一开始他们选择分居，但仍一起经营餐厅。然而后来查德发现自己无法控制毒瘾，就把一切都转让给了旧爱。他们开创的这家名为“神圣厨房”（Divina la Cocina）的餐厅，如今依然是马德里的美食地标。

陷入绝望和贫困的查德打电话给远在美国的一位朋友乞求帮助，这位朋友安排查德住进了位于加利福尼亚好莱坞的范内斯康复中心。

“在康复训练营，”查德说，“你必须严格遵守紧凑的时间安排。

每天早上六点钟起床，严格按照规定的时间吃饭和活动。而且，我们要努力工作维持中心的运转，必须达到完全自给自足。”

查德勤奋工作，想治愈青春的恶魔给成年的自己带来的自我毁灭。他终于明白，人们总是攻击自己不理解的事物，别人对他的评论和嘲笑并不是自我和自己价值的真实反映。如今他已经接受自己并深以自己为傲，而他人对他积极的自我形象做出了回应。

查德继续参与康复项目，人人都说他变成了平静快乐的人。而且，他开始做自己喜欢的事情，逐渐取得了成功——这一切都源于他的悔过自新。

“范内斯康复中心有一个要求，我们要找到一份最低工资的工作养活自己。”查德露出灿烂的微笑说，“我在理发店找了份工作，我很喜欢，所以就存钱去了美容学校。”

如今查德在洛杉矶贝弗利希尔斯的一家专属沙龙担任染发专家。他的顾客非富即贵，他们很喜欢查德为他们设计的发型，但更喜欢查德带给他们的感觉。查德不仅给顾客的头发染上颜色，还用自己积极快乐的心态为他们的快乐电池充电。

查德为我们提供了三条快乐建议：

1. 活出独特的自己。我们总是受到他人的影响，让他人定义自己的样子。人们的精力主要集中在自己身上，所以他们希望你的行为举止能对他们最有利。

用尖锐的问题拷问自己的内心需要勇气，而按照真实的自我去生活需要更大的勇气。“发现自我是一个持续不断的过程，”查德说，

“我剥开一层一层外衣才得以发现最真实的自我。”

2. 获得更高的心灵感应。从古至今，伟大的灵性大师无不坚持冥想。

冥想逐渐成为主流趋势自然有它的道理。冥想可以减少压力、降低血压、提高注意力、平静心灵。查德认为冥想是快乐的必要条件。“我祈求苍穹赋予我直觉和预兆，让我不断改变自己的行为和态度，”他说，“如果我感觉生活得到指引，自己在不断提升，就会很快乐。”

3. 忘记自我。在许多方面，快乐就是不再沉迷于自我和自己的问题。如果你不再反复思量自己，你就解放了自我，让自己得到快乐。

查德自愿将时间贡献于帮助那些像自己过去一样面临同性恋问题的人，他说：“当我把精力放在他人身上，就不会为自己的问题而紧张不安。”

你是否还记得查德儿时的玩伴珍妮？30 多年过去了他们依然是亲近的好朋友。“查德是我认识的最快乐的人，”珍妮说，“我很爱他。”

快乐的语言

西班牙语中，幸福一词为 felicidad（费利茨达德）。

何杰玉

活出快乐

Happy Stories!

不抱怨的人生，
才有无限可能

中国男孩在饥饿中生存下来，长大后帮助他人实现温饱。

君子喻于义，小人喻于利。

——孔子

会是今天吗？杰玉在心里问自己。

作为一个男孩，杰玉过于弱小。他挪动消瘦的身体艰难地向前走，如同一根芦苇漂浮在巨浪里。他低着头，小心翼翼保持着脚步的平衡，走在干涸的稻田埂上，尘土漫上他坚韧的脚面。

“会的，”他大声说，“会是今天，必须是今天。”笑容让他长长的瘦脸变得圆润：“是的，就是今天，毫无疑问。”

他拖着沉重的脚步继续前行。

杰玉的生活单调而冷酷。他不停地干活儿，却还是经常落在后面。此刻，他吃力地在泥泞中跋涉，扁担深深嵌入他窄窄的肩膀中，扁担两头悬挂着水桶，每走一步宝贵的水就会洒出一些。杰玉挑着水走回家，这是今天的第一趟，但绝对不是最后一趟。每到这个时候，每到痛苦不堪、无聊透顶的时候，他就会玩这种“如果今天是我生日”的游戏。

如果今天是我的生日，妈妈会打扫房间、挂上灯笼。他一边想，一边点着头。如果今天是我的生日，妈妈就做长寿面给我吃。他想象着妈妈站在冒着热气的锅前，小心地把长长的面条放进锅里。

他大声地说：“我要一直往嘴里塞面条，实在装不下了才咽下去。这样，就能保证以后长寿富裕。”

他脑海里的面条是如此香甜美味，唤起了他所有的感官，口水流了出来。

杰玉玩这种“如果今天是我生日”的游戏有两个原因：

第一，想象一顿可以吃饱的生日大餐会让他暂时忘记一直折磨自己的饥饿。他从没吃饱过，所以他最大的愿望就是有一天能想吃多少吃多少——哪怕只有一次。

第二，确实哪一天都可能是他的生日。他母亲连续不断生了十个孩子，杰玉是第二个。他母亲生他的时候太忙，根本不记得他具体是哪天出生的。他只知道是 1948 年，其他的一无所知。

每天晚上睡觉的时候，杰玉总是饥肠辘辘。早上醒来，他还要把年幼的弟弟或妹妹背在身上。

“我不记得自己的背何时干过，”杰玉说，“我背上总背着一个小孩子。小孩子嘛，都要吃喝拉撒，所以我的背上一直都是湿漉漉的。”杰玉坐在椅子上身体微微前后移动着，“我现在已经 65 岁，却总觉得背上还是湿的。”

其他的男孩子玩耍爬树的时候，杰玉要做饭、打扫卫生、照顾八个弟弟和一个姐姐。

那时中国正处于大饥荒时期，杰玉对于饥饿之苦再熟悉不过。“放牛的时候我经常看到田边鼓起一堆新土，”50多年前的古老记忆依然清晰而痛苦地保存在他的脑海中，“这些都是小孩子的坟墓，放在竹篮里草草埋葬。这样的坟墓随处可见。”

杰玉顿了顿，清清嗓子继续讲述：“我们都太饿了，可是一切似乎毫无希望。”

等杰玉的年龄到了可以养活自己的时候，他就只能离开拥挤不堪的家，为不断长大的弟弟和姐姐腾出空间。

“这样对大家都好，”他脸上的笑容依旧灿烂，“我想去哪里就可以去哪里工作，我开始观察这种大锅饭的生活方式。每个人都平等地参与生产，共同分享劳动所得。只要没有人不劳而获，人民公社无疑是一种美好理想的生活方式。”

后来，杰玉把人们联合起来，共同推动实施农村承包经营责任制。农民拥有了自己的土地，庄稼收成以合理的价格出售。通过杰玉的努力，黄山公社成为中国实施农村承包经营责任制的早期实践者。

第一届村干部民主选举中，杰玉当选村主任，他立即着手提高农业产量。他不允许再有孩子忍受饥饿的灼痛。

如今，杰玉已经退休，人们都称呼他为何书记，因为他担任书记有十多年。杰玉会认真聆听村民的意见和建议，并牢记在心。他带来的变化如此之多、如此之大，因而成为管辖几个镇的书记。

“我很快乐，”他说，“真的，我很快乐。我一直很快乐。我选择做一个快乐的人。”

杰玉给出了三条关于快乐的建议：

1. 要自信。把你的愿景放在心中，然后有意识地想象它已经成为现实。“如果你相信，愿景就能够实现，”杰玉说，“我想当村领导，一开始我跟别人讲的时候他们总嘲笑我，但我一直坚持自己的想法。”

越自信，越快乐。

2. 有问题就沟通。任何问题，归根结底都是沟通的问题。如果你面临问题，就想想如何更好地沟通。“每当我看到问题的存在，”杰玉说，“我就会尽力去建立沟通。”

3. 不要随着年龄变老。“多跟年轻人打交道。”杰玉建议说。去做一些充满乐趣和青春活力的事情。保持青春活力的一种途径是锻炼身体。杰玉每天都跟年轻人一起打篮球，还会每天骑骑自行车、打打乒乓球。

“如今人们渴望快乐，正如我们当年渴望食物一样。”杰玉怀着慈悲之心说，“然而，没有人能不劳而获夺走你的快乐和幸福，除非你自愿让出快乐。”

他大笑着说：“千万不要让别人夺走你的快乐。”

快乐的语言

中文的“福”字象征着“幸福”。然而“福”不仅代表“幸福”，也代表“好运”。

第二章 学会用爱疗愈抱怨

万事无忧的人并不一定快乐，敢于直面困难并决心攻克难关的人才能得到快乐。

不抱怨的人生
才有无限可能

帕蒂·斯塔克

为人母亲的快乐

她发现，为人母亲的快乐之水，并非只有唯一的源泉。

为人母亲是一种态度，而非生物学上的亲属关系。

——罗伯特 · A. 海因莱因

“你长大成人，嫁给自己的梦中情人，生了一个小宝宝。”帕蒂说着向后甩了甩头，一缕金色的头发滑落在肩膀。

帕蒂 · 斯塔克在美国中西部的小镇开了一家瑜伽工作室。她是斯堪的纳维亚后裔，有着白皙的皮肤、清澈湛蓝的眼睛和纤柔的金发。帕蒂还有一个特点你要了解——她经常咯咯笑。

她咯咯地笑并不是无法忍受谈话的停顿而神经性地抽搐，也不是在生活面前弯腰屈膝、唯唯诺诺地傻笑。她咯咯地笑更像是打开释放快乐的阀门，防止快乐沸溢。她就是如此快乐。

她很爱自己的丈夫史蒂夫。

“我和史蒂夫交往七年后才结婚。”帕蒂带着温暖的微笑说，“史蒂夫和前妻有个女儿叫梅利莎，从一开始我就很喜欢她。”

“我和史蒂夫结婚之后，”她接着说，“接下来自然是生个孩子，所以我们就开始备孕。”

“备孕的过程很好玩！”帕蒂的脸微微潮红，“然而很不幸，我们尝试了一年还是没能怀上。”

医生对史蒂夫和帕蒂都做了检查，没有发现任何导致不孕的医学原因。他们决定尝试人工受孕。帕蒂服用了催孕药物，激素水平迅速升高。

“真的很疯狂，”帕蒂说，“我开始出现热潮红，所有的情感都变得强烈。由于无法怀孕，我没有安全感，心里很难过，人工激素强化了这种感觉。”

帕蒂不断飙升的激素让她和史蒂夫的关系极度紧张。孕育生命本应是欣喜欢乐的经历，现在却变成充满压力的行为。

“我的内心充满恐惧、内疚和悲伤，”帕蒂坦率承认说，“我没有安全感。我体内的激素失去了平衡，我开始偏头痛，完全变成了另一个人。”

帕蒂伸出右手，摇了摇五根手指，说：“我们尝试了五次人工受孕，”然后把拇指和食指弯曲扣在一起，“零成功。”

她的面容变得凄楚，这种表情很少出现在她一贯满面春风的脸上：“所以我们就去拜访了体外受精专家。”

“我们坐在医生的办公室里，他第一句话是：‘我要给你一种抑制脑垂体的药物。’”帕蒂向前倾了倾身体，幽幽地低声说，“他之后的话我一句也没有听进去，我只是觉得，够了，我受够了这一切。”

一连好几个月，帕蒂把做母亲的梦想抛在一旁。然而，虽然她尽力放弃做母亲的念头，却无法释放自己内心深处想要成为母亲的渴望，所以她和丈夫开始研究收养孩子。

“我们想收养美国孩子，却得知要等五到七年才能等来一个健康的宝宝。而且，前六个月孩子的生母随时可以收回抚养权。所以我们就转向其他国家。”

很幸运的是，那一年的 2 月 13 日恰好是帕蒂的生日，危地马拉一个玛雅村庄的女人要送给素未谋面的帕蒂和史蒂夫一份最美好的礼物——她要把孩子送给别人收养。

当帕蒂和史蒂夫听说他的故事、看到他的照片，他们心里就已经很清楚。他们清楚这个玛雅男孩将成为他们的儿子，他们打算给他取名为大卫。连续一年多，他们的代理人每月都会去危地马拉看望大卫，拍摄他的成长过程。

很多次夫妻二人订好了飞往危地马拉的机票，要去把儿子带回家，结果都因为危地马拉烦琐的手续而以失败告终。

“大卫出生一年之后，”帕蒂兴奋地说，“我们终于能够去带他回来了。我们离开家的时候，地上的积雪有 25 厘米厚。而当我们到达危地马拉时，外面是 35 摄氏度的高温。”

帕蒂忘记了温度的变化，忘记了激烈的冲突，忘记了所有的挫折和繁文缛节，当她看到大卫咖啡色的小脸，她忘记了一切。她把大卫紧紧搂在怀里，自从结婚后第一次感到完整和满足。

回到家后，帕蒂陶醉于从努力成为母亲到努力成为好母亲的转变。她很快发现，要想在一个人生命的朦朦胧胧黎明时分引导他的灵魂，需要极大的耐心、不懈的努力和无限的爱心。

大卫五岁的时候，帕蒂和史蒂夫都领悟到，做他的父母意味着一生面对独特的挑战。他们发现大卫比同龄的孩子发育得慢。他20个月大的时候才学会走路，起初他们以为危地马拉的孩子两岁开始走路很正常，可是大卫一直无法掌握基本的运动技能，智力发育也似乎远远落后于标准水平。

医生的诊断说明了原因：胎儿酒精综合征。

如今，大卫无法与人群共处，也很难集中注意力。他的记忆力很差，算术对于他更是极大的挑战。

大卫面临各种问题，但有个问题他无须担心：“有人爱我吗？”有帕蒂和史蒂夫在，大卫就知道了答案。

所有孩子的母亲都觉得劳累不堪，得不到丝毫感激，感觉不到快乐。帕蒂给天下的父母提了三条建议，希望他们能更加快乐：

1. 活在当下。“每次看着大卫的眼睛，”帕蒂说，“我就努力提醒自己他的灵魂注定出现在我的生命里。每当他变得难以忍耐或把一切弄得一团糟，我都尽力去接受他的一切。”

“我不知道他以后是否永远也数不到100，我不知道他是否能学会开车、找到工作，但此刻我觉得他的一切都很完美。”

2. 自己要快乐。照顾孩子让你心力交瘁。帕蒂和史蒂夫经常出去约会，让自己成为快乐的伴侣。除此之外，他们也尽情享受各自的活动，让自己成为快乐的人。

“史蒂夫每周都去踢足球，我会练习瑜伽。”帕蒂说，“我们喜欢听音乐会，喜欢跳舞。我们保持快乐的生活，这样就有足够的快乐与大卫一起分享。”

3. 感恩自己的所有，因为从长远来看，你拥有的都是最好的。帕蒂解释说：“我全心全意相信，收养一个有特殊需要的危地马拉玛雅男孩要比拥有自己的孩子更好。他教给我太多东西。”

她怜爱地搂着大卫的脖子。十岁的大卫瘦高结实，他靠过来依偎在母亲身边，露出迷人的微笑。帕蒂温柔地说：“我从不认为一切理所当然，这就是大卫带给我的礼物。那些拥有正常、健康孩子的父母往往把一切想当然，而我不，所以我更快乐。”

快乐的语言

大卫家乡的语言尤卡坦玛雅语中，快乐一词为ki'imak ool（凯-马克-乌尔）。

布赖恩·辛普森

奉献快乐

一名大学生创立公司帮助饥饿的穷人，寻得了快乐的真谛。

倘若未曾给无以回报的人们付出些什么，你就从未真正生活过。

——约翰·班扬

“嗨……嗨，老兄，停车！”布赖恩在后座大喊道。

“什么？什么事？”开车的朋友问。

“停车！”布赖恩又说了一遍。

“是啊，兄弟，靠边停。”坐在布赖恩旁边的安德鲁说。

“可是兄弟们……我们已经迟到了。”坐在副驾驶的朋友喃喃地说，他低着头，戴着帽兜，眼睛一直盯着愤怒的小鸟。

“只要一小会儿。”布赖恩催促着，“赶紧，兄弟，靠边停。”

汽车慢慢停到路边，所有人都从车上跳下来，一起帮忙把一辆抛锚的汽车推出交通繁忙的十字路口，又帮忙清洗了汽车，把手机借给司机打电话求助，之后这群年轻人回到自己车里。

“这种感觉真好。”布赖恩说，其他几个人也都随声附和。

之后的十几分钟，车里一片沉默。开车的朋友猛踩油门，想追回刚才耽搁的时间。他的脸上挂着微笑，跟其他人一样。

安德鲁打破了沉默，说："若是天天有这种感觉是不是很好？"

"我也在想这个问题，"布赖恩回答说，并讲述了自己的一个朋友在尼泊尔帮助穷人解决温饱问题的故事。"在尼泊尔农村，时时刻刻都有人饿死。"他解释说，"我朋友所在的团体购买某种强化花生酱，送到尼泊尔，帮助那里的人维持生存。"

"太酷了，"安德鲁说，"我敢说他肯定一直觉得棒极了。"

"也许……"布赖恩的声音拖了一会儿，然后接着说，"我们可以做些 T 恤卖，用赚来的钱买强化花生酱，帮助尼泊尔那些饥饿的人……"

"我同意。"他的话还没说完，安德鲁就表示赞同。

对于其他几个人，这样的经历也许很有趣，或者很重要。而对于布赖恩而言，却至关重要，这给他的生活带来了根本转变。

25 岁的布赖恩·辛普森依然居住在家乡密苏里州斯普林菲尔德。"当时我们正要去看足球比赛，"他回忆说，"我们整日所做的就是踢足球。"

布赖恩嘴角扬起一丝狡黠的微笑，纠正说："其实，我们做三件事：踢足球、上课、参加派对。"

"我们只关注自己和自己想做的事情，"布赖恩坦言说，"我们都很自私。然而那天我们帮助了别人……天啊，我觉得自己拿到了快乐的钥匙。我只想尽力去给予，真正地给予。"

布赖恩说服父母买了一套基本的丝网印刷设备，他和好友安德鲁·博德伦把设备安装好放在杜瑞大学足球学院的客厅里，然后两人在视频网站上学习如何进行丝网印刷。

“我们为足球队做了一些T恤，感到非常骄傲，然而……今天再看这些T恤，真是太丑了，我们根本不知道自己在做什么。”他说。

他们的技术也许不断进化，可他们的目的一直很明确——给予！

有人打电话来下订单，布赖恩会问他们如何得知这家小作坊，得到的回答通常是：“我们公司的预算包括市场营销和团队建设支出，比如T恤，但不包括让世界变得更美好的支出。我们想让你们帮我们印制T恤，不是因为你们的价钱最优惠，而是因为我们想回报社会。跟你们合作就是在回报社会。”

订单来自100多英里外的地方。布赖恩很忙——非常忙，但是他也很快乐——非常快乐。他白天去一家律师事务所上班，晚上去酒吧打工，有课的时候就去上课，空闲的时间就印制衬衫。更重要的是，他们可以赚到钱寄给尼泊尔营养机构。

六个月后安德鲁选择了离开，虽然他很喜欢这个活动，但他一直想成为足球教练，心中的愿望把他拉回原来的轨道。布赖恩找来了其他愿意帮忙的人。

之后的T恤订单几乎扼杀了他的梦想。

“密苏里州立大学提出要跟我们签份合同——金额很大的合同，我接了下来，然后去申请营业执照。”布赖恩说，“可是当我对营业执照局的工作人员说我们在客厅印制T恤后，他们却说我们违反了城市准则，责令我们停止业务。我在一栋破旧的历史建筑里找了个地方，可是银行觉得我还是未成年人，而且没有抵押物，他们不愿跟我谈。”

布赖恩停顿了一会儿，清了清自己声音中的情绪，然后接着说：“我爸爸同意推迟退休，来帮助我们继续运转。我们改变了整个业务模式，不再只做筛网印花，而是开始经营零售商店。每卖出一件 20 美元的 T 恤，就有五磅的强化花生酱送往尼泊尔抗击营养不良，因此我们给公司起名为五磅服装。我们并不想到此为止，所以决定在 T 恤上展示其他回报社会的品牌。这样一来，我们店里的每笔销售都是某种意义上的回报社会。”

成立仅仅几年的时间里，五磅服装共为尼泊尔饥民提供了 7500 磅强化花生酱和 1200 双鞋子，并为当地的慈善机构募集了 10 000 美元的资金。

数字惊人。布赖恩之后分享了另一个似乎最不重要的数字：“与去年相比，今年的销售额增长了 40%。”

布赖恩依然很快乐——非常快乐，他给出了三条关于快乐的经验之谈：

1. 将给予融入生活。“如果你将给予融入自己的生活，”布赖恩说，“你的问题会变得微不足道。当你开始关注被营养不良夺去生命的人们，你的 iPhone 4 是否受欢迎似乎就不那么重要了。”

2. 按照自己喜欢的方式生活。“与一座大房子比起来，我更喜欢环游世界。如果每周工作 40 个小时比工作 60 个小时更快乐，我就会照做不误。我们的公司日益发展壮大，不工作几乎不可能，不过我们经常出去旅游，我也经常骑自行车。”

3. 后退一步，看清自己快乐的源泉。“我看到同龄的孩子经常为了五万美元而强迫自己去做自己讨厌的工作。人们为了钱愿意去做任何事，这让我很震撼。薪水绝不能取代你对生活的热爱。”

布赖恩最后建议说：“简单生活。虽然我拥有一家服装店，但我的衣服比很多人都要少。”

他低头看着自己的五磅服装 T 恤，耸耸肩说：“拥有太多会压得你喘不过气来，而帮助他人却会给你带来快乐！”

快乐的语言

尼泊尔语中，“我很快乐”是 sukha（苏克哈）。

史蒂夫·贝德福德

仁慈=快乐

Happy Stories!

不抱怨的人生，
才有无限可能

一对父母用实际行动诠释了仁慈与快乐之间的关系。

不去寻找快乐的人最有可能找到快乐，因为忙于寻找快乐的人会忘记，

得到快乐的最佳途径是为他人寻求快乐。

——马丁·路德·金

如果你想了解史蒂夫·贝德福德，首先要了解一下他的父母。

关于史蒂夫父亲比尔的一则故事

比尔·贝德福德牧师表情木然地坐着。

他脸上的笑容不过是一种习得的表情。他咬紧牙关，嘴角扬起，让自己看起来很高兴。

可是他很不高兴。

一个身穿深蓝色西装的男人坐在比尔的正对面，他身材高大消瘦，眼睛深陷，长满痘印的脸颊如同麻布一样粗糙。

“那个该死的肯尼迪竟然在竞选总统！”对面的男人惊叫道，“你

们知道他是什么吗？”

“天主教徒！”另外三个男人异口同声地说，比尔小小的办公室被他们挤得满满当当，其中两个人紧挨彼此坐着，第三个人在唯一的窗前紧张地来回踱步。

“一点儿没错！”对面的男人举着布满皱纹的拳头说，“如果他成为总统的话……”

“如果肯尼迪成为总统，”紧张兮兮的男人停下脚步，双手撑在桌子上，正视着比尔说，“他会唯教皇的指令是从。”

“天主教会变成美国的国教，”身穿蓝色西装的男人插嘴说，“教皇会成为我们的首领，肯尼迪会沦为傀儡。我们的信仰……一切都不复存在。”

比尔深深呼吸，努力保持“微笑”。

“你要写一通训诫，”对面的人继续说，“你要写一通训诫告诉人们不要投票给肯尼迪！”

四个人齐刷刷看着比尔，焦急地等待着他的回应。

“先生们，”比尔起身伸出右手，示意谈话已经结束，“非常感谢你们的分享，我会认真考虑这些问题的。”

随后，比尔坐在门廊向年幼的史蒂夫提及此事，史蒂夫问：“爸爸，你会怎么做？”

“作为一名牧师，我的职责是为他人树立良善的典范，”比尔回答说，“可是如果我站在布道坛上肆意抨击一个唯一的罪过是与我信奉不同宗教的人，这算什么良善呢？”

关于史蒂夫母亲柯蒂斯的一则故事

柯蒂斯·贝德福德真的不需要去工作。可是她心里明白，如果自己的生活只是举办茶话会，带领妇女研读《圣经》，或者以牧师妻子的身份参与其他活动，那自己会疯掉的。

柯蒂斯在迈尔斯阿诺德百货公司找到一份工作，在地下室销售服装。她喜欢接触各种各样的人，跟他们交谈，而格林斯博罗的所有居民都来迈尔斯阿诺德百货公司购物。

柯蒂斯经常去街对面的伍尔沃斯餐厅吃午餐。1960 年 2 月 1 日，她照常到伍尔沃斯吃午餐，却被柜台前拥挤的人群吓了一跳。

北卡罗来纳农业技术州立大学的四名非裔大一学生坐在柜台前的四个空位上。问题是，这些空位是白人座位区。

“不好意思，小姐。”其中一位学生平静而恭敬地对上了年纪的服务员说，“我们的咖啡还没来。”

女服务员只是埋头清理烟灰缸、擦拭柜台。餐厅经理站在旁边，假装看报纸。一名警察扭身朝四名年轻人走去，大声敲着警棍的手柄。

柯蒂斯仔细观察整个现场。四个年轻人彬彬有礼、穿戴整齐、态度诚恳亲切，却遭到人们的敌意。

为什么他们不能跟别人一起坐呢？柯蒂斯心想。

她第二天不用上班，但她还是以吃午餐为由去了伍尔沃斯餐厅。让她吃惊的是，那四名大学生又坐在午餐柜台前。而这次，有 19 名支持者加入他们的行动。第三天，85 人出现在餐厅，支持他们的运动。到周末，支持者的数量暴增至 400 名。

《圣经》不是有云，你们愿意人怎样待你们，你们也要怎样待人吗？柯蒂斯心里想。

静坐抗议持续了数月。

她对自己说，如果换作是我，我与他人无异，但这个社会不允许我与他人共处，我就要被迫分开坐，我是否乐意？不，我不乐意。

“这样是不对的，”那天晚上她在餐桌上对家人说，“这些年轻人应该得到跟我们一样的待遇。”她明确自己的立场，得到家人的一致赞同，之后她吃了一口饭，慢慢地咀嚼。

贝德福德一家的居住之地很快将掀起一场席卷全美国的公民权利运动。不断有人游说比尔和柯蒂斯支持“自己的同类”，而他们却选择拥抱每个“与自己一样”的人。

比尔和柯蒂斯教给孩子仁慈的重要性，他们用自己的实际行动展示了关爱他人就是关爱所有人。

史蒂夫·贝德福德的故事

史蒂夫的父亲去世后，史蒂夫悲痛不已，但他也为拥有这样的父亲心怀感恩，正是因为自己如此深爱父亲，他的去世才让自己如此痛苦。如今，史蒂夫与母亲的关系依然十分亲近。

64 岁的史蒂夫是个非常快乐的人，他把自己的快乐归功于从父母身上汲取的经验。以下三条经验可供你学习培养自己的快乐：

1. 善待他人。你若善待他人，他人脸上的快乐表情能够反映你与人为善后的快乐心情。友好待人是对你与他人关系的肯定。

“善待他人是我父母经常对我说的口头禅。”史蒂夫说，“如果你能意识到每个人都值得你付出同情与善心，你就会如此对待别人，而你自己就会因此感到快乐。”

2. 虚怀若谷。“我爸爸是名牧师，每个人都期望他能回答所有的问题。但他不能，他自己也很坦率地承认这一点。正因为如此，他从其他人身上学到了很多。学习让你不断成长，成长让你感到快乐。”

3. 心怀感恩。史蒂夫有个 36 岁的儿子提姆，患有阿斯伯格综合征。

“人们看到提姆后经常问我：‘他有什么问题吗？’而我总是回答：‘没有，他很完美。’”

史蒂夫的脸上绽开知足的笑容。“善待他人，”他再次说，“不是为了让他人开心，而是为了让自己快乐。”

卡罗尔·史蒂文森

快乐不需要理由

Happy
Stories!

不抱怨的人生，
才有无限可能

身体受伤结束了她的职业生涯，留下长期的慢性疼痛，却无法阻止她继续快乐地生活。

无论过去、现在还是将来，所有表象和你的内在相比都微不足道。

——拉尔夫·沃尔多·爱默生

卡罗尔在黎明前的黑暗中静静躺着，她已经醒了几分钟，却没有动。她的丈夫马特在她身边轻轻打着鼾。

卡罗尔醒了，不需要再睡，她有很多事情要做，但她依然躺在那里一动不动。

如往常一样，她静静品味此刻的清醒与静止。在醒来之后起身之前的这段黄金时间里，她安卧在幸福无知的状态中。

此时此刻，卡罗尔还不知道，但她很快就会知道。

等她起身下床，就会马上知道自己今天早上要面临怎样的痛苦。对于卡罗尔而言，每天的疼痛如同马拉松比赛前随意交给赛跑者的砝码。有时她疼痛的砝码很轻很轻，轻得几乎感觉不到它的存在。而有时却如同重达两吨的铁砧压迫着她，逼着她一动不动等待疼痛过去。

“能还是不能，这是个选择。”卡罗尔近乎低语地说，坐直了身体，“好吧，世界，我们开始吧。”

她慢慢走到厨房。趁着咖啡还在煮，她抓起一把早上要吃的药物。如今她已经习惯了药物治疗，她只是把药物当作辅助手段，并不依赖于它们。

“我的生活由我决定。”卡罗尔大声宣布。她喝杯咖啡，伸展伸展身体，走到工作台前，继续前一天晚上开始画的书签。

顽固的疼痛伴随着严重的偏头痛——这就是卡罗尔的生活。然而，熟悉她的人却都说她是个非常快乐的人。

卡罗尔·史蒂文森曾经很喜欢自己的工作。如果有人问她何以为生，她会非常自豪地回答，而得到答案之后人们的反应通常是：“真的吗？”抑或，“太酷了。”

卡罗尔曾是当地食物银行的运营主管。正是她和许多志愿者的努力，才确保了几万流浪者每日的饮食。

“有人打电话说他们有一大箱冷冻食物，”卡罗尔回忆说，“那时正值酷夏，得赶紧去取，不然就会坏掉。再说了，你总不能拒绝食物吧。不仅因为那样很浪费，而且如果你没有回应，以后那些供应商就不愿再捐献食物。”

卡罗尔一时找不到有空的志愿者，就独自一人去取食物。

她把一箱箱沉重的冷冻鱼虾、冰激凌、浆果和其他物品搬到小旅行车上。她高高举起一个箱子，想放在另一个箱子上，突然感到肩膀一阵钻心的疼。

她歇息片刻，等肩膀不疼了尝试着举起胳膊。然而手臂抬到某个高度，疼痛再次袭来，而且更加凶猛。她心里明白，自己严重受伤了。

卡罗尔的肩袖撕裂了——一种疼痛无比、备受折磨的损伤。她去看了医生，医生没有采取手术修复损伤，而是期望通过令人精神麻木的镇痛剂消除疼痛。

卡罗尔尽自己最大的努力去工作，尽管她已经只能做些文书和管理工作。

某天，一个女人自告奋勇想承担食物银行的一些文秘工作。卡罗尔兴高采烈地为她准备办公的地方，挪家具的时候却把脚夹在了桌子和档案柜中间。她使劲拉腿想把脚拔出来，却听到了撕裂声，同时感到一阵疼痛。

之前她的右肩严重受伤，而今她的右踝关节也匹配似的拉伤了。医生给了她更多药物，她说："我的脑袋总是昏昏沉沉的。"

由于卡罗尔走路有些蹒跚，爬楼梯对她而言很困难。曾有一次，她拿着复印纸上楼梯，结果右脚不知怎么拖在后面，她一脚踏空跌倒了。

"就像慢镜头一样，"她回忆说，"我向前倒去，本能地伸手撑地。然而，我的右手接触地面的那一刻，右肩感到难以形容的痛楚。"

卡罗尔不假思索把身体转了 180 度，重重摔下去，撞破了头，折断了脖子。

她不知道自己昏迷了多久，等她醒过来，她看到老板的脸，听到他吩咐自己不要动。

这就是最后的结果。卡罗尔患上慢性椎间盘突出，肩膀上方的颈椎骨开始疼痛发炎。她无法再为食物银行搬运东西，无法走路，无法坐下来，无法继续工作。她怀着极大的悲哀申请了全身残疾，几个月后获得了残疾证。

如今，无论卡罗尔做什么、去哪里，疼痛总是如影随形。她的肩膀最终通过手术修复了，但她的踝关节依然疼痛，而脖颈的损伤给她带来了各种疾病。

“态度是我拥有的最重要财富。”卡罗尔热情地说，“我可以吃了止痛药和抗抑郁药后晕乎乎躺在床上，也可以想尽办法享受生活。我选择后者。”

卡罗尔设计创作美丽的定制贺卡和书签，以此纪念每个特殊时刻。此外，她还通过书店和咖啡馆出售较受欢迎的设计作品。

“这些让我觉得自己有所作为，”她说，“也能为我全额菲薄的残疾账户增加资金。”

即使背负慢性疼痛的重负，卡罗尔依然保持积极的生活态度，努力用自己的创意做出贡献。她很快乐。遵循她的以下三条建议，你也可以很快乐。

1. 不要沦为疼痛的受害者。每个人都经受着精神或身体上的痛楚。气愤或怨恨他人对你造成的伤害只会让过去的恶魔吞噬你的现在。

卡罗尔发现吃很多止痛药会让她变得抑郁或头脑发晕。她让医生减少了止痛药的剂量，这样自己可以保持良好的精神状态。

“如果疼痛让你无法做自己想做的事情，从很多方面来说这是你自己选择的结果。”卡罗尔说，“我的身体时刻疼痛，但我不会坐在那里特意去关注它。我要去做事情，我要有所作为。”

2. 寻找开心的理由——越多越好。大笑会促进内啡肽的分泌，所以当你笑的时候，你是在往自己体内注射天然的止痛剂。

听听搞笑的喜剧录音，多与有趣的人相处，在家或去电影院看看喜剧片。

卡罗尔有几个要好的闺密，很欣赏她另类的幽默感。每当她需要笑声提神，就会打电话给她们，很快她就会笑起来，感觉很快乐，疼痛就会有所减轻。

寻找开心的理由，每当你开口大笑，你的疼痛——无论是身体上的还是精神上的——都会有所缓解。

3. 成立姐妹帮（或兄弟帮）。卡罗尔有一群女性朋友——大约20人——她们每个月组织一次聚会。其中很多人都患有慢性疼痛或其他疾病，但是姐妹帮的聚会并不是为了处理问题。

“不是，”卡罗尔大喊道，“姐妹帮聚会上我们大笑、玩乐、戏耍。我们想忘记自己的问题，不去关注。”

结交一群有趣乐观的人，经常与他们聚聚。人多不仅力量大，还可以治疗伤痛。

利尔·罗伯茨

快乐永存

丈夫去世后，
她在抚慰他人的悲痛中找到了快乐。

假如你真想一睹死亡之魂，那么请为生命之体敞开心扉。

因为生与死同一，犹如河与海。

——纪伯伦

让利尔·罗伯茨最吃惊的是风的力量。不是舱门外的怒号，也不是离地 13 000 英尺看到的超现实景色，而是她准备跳的时候抽打身体的力量。

每次她想把脚放在焊接在舱门下的狭窄踏板上的时候，风就会把她的脚吹落，让她仓皇失措。后来，教练抓住她的脚，按在了踏板上。

挂钩和肩带把利尔和教练紧紧绑在一起。她的身体比教练小太多，她觉得自己肯定像个婴儿一样挂在教练的胸口。

“一。”教练说。

利尔看到摄像师准备与他们一同跳下去，她尽力牢记指令——

不是跳伞的指令，这些她已经很明白了。她想牢记的是摄像师的建议，如何让摄像机拍到自己最好的一面。

“二。”

“微笑，否则你脸上的皮肤会不停抖动。”摄像师之前建议她说。

利尔拉起嘴角，露出大大的微笑。她可不想在这份纪念视频里留下老妇人一样颤抖的皮肤，她才 58 岁，一点儿也不“老”呢。

“三！”

教练把自己庞大的身躯扔出舱门，带动着利尔小小的身体。两人踏入虚空，利尔脸上挂着勉强的微笑。

我做到了，我跳伞了，利尔心里想。

几个星期前，她翻阅救济院简报时不禁哼了一声。虽然她很感激救济院给自己的所有支持，但简报上关于爱人离世周年纪念的建议让她觉得很无聊。

种一棵树，在大自然中散步。“无聊，”她低声说，“我想迪克肯定也觉得这些很无聊，虽然他已经死了。”

利尔想做一些更特别的事情来纪念迪克去世一周年。她石灰绿色的跳伞衣口袋里装着迪克最后一小袋骨灰——其余的已经撒在世界很多地方。一年来她一直把迪克带在身边——事实上和感情上——而今她准备放手。

迪克是她最好的朋友、她的爱人和丈夫。他们在一起之前利尔就知道他患有癌症，复发后她一直在身边照顾他。她爱他、照顾他，直到他生命的终点。

跳伞之后，利尔手里抓着 DVD，欢欣鼓舞地朝自己的汽车走去。不知怎的，这段跳伞经历让她觉得生命很完整。那天晚上几个好朋友组织聚会，还为利尔安排了一个约会对象。

“朋友们要求看看我那天的跳伞录像，”利尔说，“当时约会对象就坐在我旁边。当录像播放到我祭奠迪克的片段时，他倾身过来与我碰了一下酒杯。这个简单的动作让我明白，他也是个很特别的人。”

他的名字叫唐，是个有趣、体贴、富有爱心、充满激情的人。利尔被他迷住了，两人开始约会，共度许多美好时光。

交往两年半之后，热爱打高尔夫球的唐终于实现了自己的夙愿，在加利福尼亚州的圆石滩挥起球杆。打了 18 洞之后，唐躺在沙滩上休息，而利尔沿着海岸慢跑。

跑完回来，利尔走向沙滩上打盹儿的唐，踢了踢他的腿，戏谑地说：“喂，老兄，不许在沙滩上睡觉——赶紧起来。”

唐没有反应。

跑步时海边冷风的舔舐让她的双手变得冰冷。她弯下身，把冰冷的手指放在唐的脖子上，想吓唬吓唬他。可他却没有动。

“啊，不好了！”她心里想，然后大声呼喊，“唐！唐！你听到我说话了吗？”

接下来的一个小时利尔的脑海里是一片模糊。模糊中，她为唐施行心肺复苏术，筋疲力尽快要累倒的时候一个年轻人过来接替自己。模糊中，人们呆呆地围观。她最后一次看到唐的脸，急救人员把他的脸蒙了起来，然后抬上等待的救护车。

在丈夫迪克去世之后，很多新近丧偶的女人联系利尔向她咨询如何度过困难痛苦的悲伤期，寻求她的支持和帮助。利尔真诚坦率地跟这些爱人先行离去的寡妇交谈。

而今这些女人聚集在利尔身边，支撑她渡过短短几年内的第二次沉重打击。

利尔的心都碎了，但她依然觉得自己很幸运，能遇到两个如此完美的男人。生活残忍地夺走了她挚爱的男人，经历过这一切之后的她依然极其乐观。她很快乐，她热爱自己的生活。

最为重要的是，她在帮助其他女人疗伤的过程中治愈了自己。

利尔向前来咨询的女人提供建议，帮助她们超越伤痛、重新找回快乐。她的这些建议适用于每个寻找快乐的人。

1. 超越自己的故事。“你不是你，”利尔说，“你是你讲述的故事。如果你把自己描述为一个受到诅咒、毫不可爱的人，那么这个故事将成为你的生活。

“所以描述自己的时候要仔细斟酌，你口中的自己会伴随你一生。”

比如，利尔从不用“寡妇”这个字眼来形容自己，她说：“我是一个充满活力的年轻女人，穿行于这个世界。”

2. 战胜悲伤。悲伤是个过程，需要时间来治愈。“为刚刚失去丈夫的女人提供咨询的时候，”利尔说，“我不会带上《圣经》，而是带上一瓶酒。我们一起畅饮，一起欢笑，一起哭泣，互诉衷肠。我们让悲痛浮上来，才能将其释放。压抑自己的感情只会让悲痛持续更久。”

3. 学着爱自己。利尔评论说：“女人总会寻求他人对自己的爱。你要学着去爱自己，你不需要生命中的其他人让你变得完整，因为你本身已经很完整。”

很多人会对去世的爱人充满愤怒和怨恨，但利尔不会。她说：“他们两个人都绝不会选择离开我，因为我是那么有趣的人！”

快乐服务

美国临终关怀基金会网址：www.hospicefoundation.org

亚伦·杰克逊

我服务，我快乐

他在憎恨中插上爱的旗帜，与人们一同分享快乐。

与其诅咒黑暗，不如点亮蜡烛。

——中国谚语

亚伦·杰克逊按下智能手机的发送键，由此点燃了导火线，时钟开始转动。

经过数月的仔细协商和精心计划，一切都已就绪。所有准备都在严格保密中进行，所有信息只准根据需要向项目外人士透露。

一切就在今天。

每个人都已准备好。亚伦明白一定要赶在有人出来阻止之前尽快完成，他也明白人们定会密切观察，这让他又兴奋又焦急。

他的内心深处很清楚自己在做一件非常重要的事情，但他不清楚邻里街坊是否同意、他们会不会嘲笑或抨击自己。

亚伦啜了一口咖啡，然而自己体内奔流的肾上腺素让咖啡因黯然失色。他坐在不起眼的小巷深处的简陋房间里。几分钟前，一群油漆工开始为他的新家涂上第一层油漆。随着第一把刷子的挥动，亚伦露出满意的微笑，给记者朋友发送了一则信息，告诉他可以发布新闻了。

所有的协作和努力——所有的秘密和紧急——都源自房地产业的三大重要词语：位置、位置、位置。

亚伦的房子位于堪萨斯州托贝卡的十二大街和奥尔良大街的街角处，对面就是威斯特布路浸信会。

是的，威斯特布路浸信会。这家教会的外墙上悬挂着巨大横幅，上面骄傲地展示着自己的网址：www.godhatesfags.com。这家教会的信徒定期对美国士兵的葬礼进行纠察，声称美国军人的悲惨命运是因为美国社会对待同性恋的宽容态度惹怒了上帝。

威斯特布路浸信会创立人弗雷德·菲尔普斯之女、教会牧师发言人雪莉·费尔普斯-罗柏在社交网站推特上回应桑迪·胡克小学校园枪击案说："这是上帝的审判，赞美他的荣耀。"这起枪击案造成 26 人死亡，其中绝大多数为儿童。

两年前，亚伦上网的时候看到一则关于威斯特布路浸信会的新闻，在好奇心的驱使下，他阅读了这家著名反同性恋教会的所有资料。

亚伦开启谷歌地球查看教堂的外观，突然一丝灵感轻柔地掠过他的心头，如同蝴蝶轻吻夏花的花蕊。

他放大地图，看到浸信会附近的一座房子前门处竖着一块"待售"的牌子。

后来才发现自己看到的这座房子其实已经出售，不过他找到了另一座位置更佳的房子。

“我的灵感是在教堂附近一处非常显眼的房子上绘一幅同性恋自豪的彩虹旗。”亚伦说，“如果威斯特布路浸信会得知了我的计划，他们会利用一切资源和势力来阻止我，所以我们的行动要迅速、隐秘。”

亚伦允许两位记者在网上报道此次行动，短短30分钟内彩虹屋成为全球媒体关注的焦点。“一个小时后，”亚伦含笑说，“美国有线电视新闻网（CNN）、福克斯新闻网（Fox News）、美国广播公司（ABC）……全过来了。”在全世界的关注目光中，这座房子按照计划粉刷完成。

威斯特布路浸信会已经公开对居住在彩虹屋的邻居表示欢迎，而教会的信徒与彩虹屋的朋友或志愿者相遇时也会相互友好地打招呼。

在威斯特布路浸信会的马路对面创造一座同性恋自豪的彩虹屋无异于创造奇迹，而亚伦正是创造奇迹的能手。

在脑海中想象第三世界饥饿儿童的形象，你可能会看到一个腹部胀大的孩子。导致腹部肿胀的并不是饥饿，而是肠道寄生虫。

在海地这样的国家，即使食物充足，90%的儿童依然挣扎在饥饿的边缘，依然无法喂饱自己和体内贪婪的寄生虫。若要在第三世界国家消除饥饿，首先要做的是治疗他们体内的寄生虫感染。

这正是亚伦所做的。年近30的他为治疗海地1400万儿童的肠道蠕虫而募集资金、增强人们的认知。为此，CNN授予他“年度英雄”的奖项。与此同时，亚伦还着手在海地修建两家孤儿院。为了达成这一切，他往返于美国和海地，而用来支撑他生活和事业的，是他在高尔夫球场担任球童赚取的最低工资和小费。

亚伦并不是同性恋者，也并非别有用心。他把房子变成一面彩虹旗并不是为了煽动暴民或升级为激战，他买下这座房子是为了拯救生命。

“同性恋青少年的自杀率之高让人悲痛。”亚伦解释说。

“我们的位置非常完美，”他挥舞着手臂说，“如果人们想拍摄威斯特布路浸信会的照片，就肯定能拍到旁边的彩虹屋。”

亚伦声音颤抖着继续说：“因此，如果青少年发现自己是同性恋，开始遭受他人的嘲笑，我们希望他们能知道，在这里——就在一心痛恨同性恋的教会的正对面——还有这样一个所在，更加坚定地想让他们知道有人爱自己。”

亚伦在帮助他人中自得其乐。帮助他人让他兴奋不已，让他在早上醒来，让他一天保持昂扬的斗志。亚伦的身上洋溢着快乐。

快乐的人能吸引他人加入自己的行动，因为人们希望被快乐的能量包围，就会支持快乐的能量。亚伦相信，如果你谨记以下三项，你会变得更快乐：

1. 感恩你所拥有的，而非渴望你所缺乏的。亚伦说：“身在海地的小村庄，你会觉得一切是那么不可思议。由于肺结核和饥饿，那里的孩子只有 50% 的概率活到四岁。举目四望，人们挣扎在垂死的边缘，可每个人的脸上都挂着微笑。而回到美国，我们置身在物质富足的海洋，却个个眉头紧皱。这是为什么？因为这里的人们关注得太多，无法稍稍停下脚步、尽情享受自己的所有。”

2. 生活状况并不代表你的快乐程度。你所经受的一切首先要经过你自己——经过你的心灵。每当有事情发生，你要决定将它视为巨大的烦恼还是小小的不便。你可以选择把事情看作灾难性的结束或者充满挑战的开始。

“我曾见过很多人身处悲惨境地依然微笑面对，”亚伦说，“我们总是被动地对生活做出反应，而不是自己选择如何应对。”

3. 自私付出。“我给予的爱越多，我向世界散发的能量越多，我得到的就越多。正是因为付出会带来更多的爱，所以付出算是一种自私的行为。”

“而这有什么不好呢？”亚伦耸耸肩，面带灿烂的微笑问道，“我得以周游世界，我见到地球上最有名的人——也见过世界上最贫穷的人，人们的生活越来越好。这些让我很快乐。”

快乐的语言

在海地的克里奥尔语中，快乐一词为 bònn（巴恩）。

科琳·盖克

快乐的葡萄

她追随自己的心灵，
找到了快乐的职业。

一瓶葡萄美酒，一点儿干粮，

有你在这荒原中傍我欢歌，

荒原呀，啊，便是天堂！

——欧玛尔·海亚姆

“我看到葡萄了。”科琳嘴角泛着若有所思的微笑说。

科琳·盖克正在吃午餐，她的丈夫杰森打来电话说：“你要过来看看这座房子——马上。”

这正是她想听到的。她匆匆抹去嘴角的沙拉酱，迅速起身朝汽车奔去。她和丈夫为了寻找未来的新家已经四处奔波了好几个星期。每座房子她都喜欢，都觉得可以作为以后的家，而杰森却谨慎小心、精挑细选。

科琳把汽车开上又长又直的砾石车道，房子就展现在她的眼前，而一缕笑容爬上她的脸庞。米色的房子坐落在小山之上，虽然设计为典型的美国农舍，但显然还很新。上下三层的楼房矗立在密苏里州的天空下，巨大的门廊有望实现无尽夏日傍晚的诺言。

科琳停下车，慢慢转动脑袋，从左到右仔细勘察四周。左边是一排树，前面是房子，右边是绵延起伏的山岭。

“一切如同一张空白的画布。”科琳说，“不知为何，我看到一排排葡萄立在车道旁边，虽然实际上并不存在。只是这样的画面看上去是那么完美。”

一切源于杰森公司组织的那次商务出游，他们来到密苏里州堪萨斯城北部的一座名为韦斯顿的精致小镇。“那是一个秋高气爽的傍晚，”科琳说，“我和杰森都在乡村长大，如今都在主营农业的企业工作。可是我们的工作和生活都在同一座城市——我们需要更多空间。”

她的眼睛里呈现一种梦幻般的神情。“那天晚上的夜空下，我们真的再次看到了星星，太神奇了。我们决定在韦斯顿附近寻找一处新家园，通勤只需要 45 分钟，非常值得。”

而今，科琳来到巨勒溪路旁的房子前，似乎是那天晚上的星辰一路指引他们找到这座完美的房子。

盖克夫妇出了价，经过简短的谈判，他们签订了合同，搬进了新家——他们美好而宁静的新家，坐拥 16 英亩肥沃黑土地的家园。

他们刚安顿下来，就着手两人最喜欢的爱好——酿葡萄酒。科琳在大学的时候参加过酿酒课程，她说：“当时我需要上一门课，化学和酿酒二选一。”

“作为 20 岁的大学生，”她的双手像天平一样上下掂量，皱起眉头，左手向下沉了寸许，接着说，“化学，还是免费美酒与学分兼得。”科琳愉快地笑着，右手向下移了一尺有余，这个选择不费吹灰之力。

“搬进来的第一年，我们开始在地下室酿酒——像以前一样。”科琳面带微笑回忆道，“我和杰森喜欢一起酿造葡萄酒，那是种美好的体验。”

“我们喜欢一起酿造葡萄酒，”科琳重复道，“而种植葡萄……”她的声音带着一丝神圣，“种植葡萄是我们真正享受的事情。”

对科琳和杰森而言，在葡萄园种葡萄是如此妙不可言。下班后的傍晚和整个周末，他们都会一起到葡萄园悉心照顾不断生长的作物。

他们时而会听听音乐或轻声交谈，但更多的时候只是静静地干活儿，感受彼此的亲近，品味共享爱好的兴奋。他们耳中只听到风声和小鸟的啁啾歌声，他们眼中看着每日的辛勤劳动换来葡萄的茂盛生长。

科琳说：“这样的时光非常惬意轻松。葡萄藤就像小孩子，你让它去哪里它就去哪里，所以你要经常修剪梳理。看着你种下的枝条变成挂满沉甸甸果实的葡萄架，真的很神奇。”

他们最初只种植了半亩葡萄，后来扩大到两亩，又拓展到五亩，最后变成了七亩。盖克夫妇面临着艰难的选择，要么把心爱的葡萄卖给其他的酿酒师，希冀他们能像自己一样挚爱葡萄酒，要么就扩大酿酒规模、成立自己的酿酒厂。

“我们无所畏惧——因为我们一无所知，”科琳大声笑着说，“一开始我们只能趁午餐的时间把一瓶瓶葡萄酒送到葡萄酒行或食品商店。我们也曾举办过一场品酒会，开始接订单。我很怀疑顾客都知道了我们的葡萄酒是在地下室酿造的。”

后来发生的事情真的令人惊讶——周末人们开始到盖克夫妇家里来，他们敲开门后总会问：“这里是酿酒厂吗？”

科琳和杰森礼貌地向来访者一一解释，说他们的确是酿酒厂，但是没有工厂可供参观。

“人们到来我们都会迎接，然后带着他们穿过房间，去地下室品尝葡萄酒。”科琳沉浸在回忆中笑着说。

第一年葡萄丰收的季节科琳怀孕了。到她第二次怀孕的时候她开始认真考虑是否要辞职在家专心酿酒。她说：“一切似乎太可怕，我希望能有征兆告诉我这样做是可行的。”

命运自有安排，她所在公司重组，需要裁员。对于自愿离职的员工，公司会支付一年的离职津贴。这正是科琳一心等待的征兆。

科琳和杰森建造了一家新工厂，如今定期对外开放参观，并举办其他葡萄酒活动。成立九年来，巨勒溪酿酒厂的年产量已经达到两千箱。

相比成功，对杰森和科琳来说快乐更为重要。他们在喜爱的地方从事热爱的工作——而且是同深爱的人一起。

科琳推荐了三条让生活更快乐的建议：

1. 寻找快乐的源泉。人们总会忽视自己的感觉和情绪，所以很难看清让自己快乐的到底是什么。

扪心自问：

· 如果可以，你希望一整天都做什么？

· 你有什么爱好，经常想起什么活动？

· 哪些杂志或新闻能吸引你的注意力？

2. 每天去做。一旦弄清楚什么能给你带来欢乐，就每天去做与此有关的事情。上网搜索相关的文章，咨询专家，看看视频，上上微博的交流板块，寻找相关的商务化人际关系网。

成功的唯一秘诀是：

$$\frac{\text{持之以恒}}{\text{时间}}$$

持之以恒除以时间。每天围绕自己的爱好做一件小事，不久你就会成为该领域的专家。

3. 敢于尝试，乐在其中。尝试新事物能让你的爱好、你的工作，甚至你的婚姻保持新鲜。无论做什么，首要任务是要乐在其中。

快乐信息

巴黎公共援助医院的鲍里斯·汉赛尔博士研究发现，适量饮用红酒的人通常压力更小、更快乐。

安赫莉娅·哈姆

快乐的彩虹

Happy Stories!

不抱怨的人生，
才有无限可能

她遭受最惨痛的损失，却寻得了快乐。

如果我们能明白现实的真实本质，

就永不会失去任何人——即使是死神也无计可施。

——一行禅师

桑娅对好朋友撒了谎。

她假装什么也不知道——可她知道，什么都知道。而她的好朋友安赫莉娅很快也会知道。

安赫莉娅和桑娅急匆匆驾车从小镇的两端到医院会合，她们在路上通了电话。

安赫莉娅·哈姆一直在大学赞助的青少年训练营工作。深夜一点多她的电话响起，是丈夫艾瑞克打来的，说他们的长子肯尼被送进了医院。睡眼蒙眬的她只听到一句话："你最好赶紧过来。"

安赫莉娅立即打电话给桑娅寻求支援，却惊奇地发现桑娅的声音听上去异常清醒，两人决定到医院会面。

安赫莉娅在黑暗的道路上疾驰，而桑娅却明白已经没必要如此匆忙。

两个女人在医院停车场刺眼的灯光下碰面，匆匆伸出一只胳膊相互拥抱了一下，就朝急救室奔去。

“肯定很严重，”安赫莉娅忧心忡忡地说，“不然艾瑞克不会打电话给我。”

桑娅无言以对，其实艾瑞克第一通电话打给了她，而不是安赫莉娅。艾瑞克知道安赫莉娅需要桑娅的支持来面对即将到来的一切。

她们慌忙踏进急救室，急救室很小，因为医院很小，所服务的镇子也很小。安赫莉娅很奇怪急救室竟然如此安静，她原以为里面会忙乱一团，却没想到会死一般沉寂。

她四处张望，看到牧师缓缓站了起来，他的眉头紧皱，脸上盛满温暖和一丝怜悯。

安赫莉娅转过身，困惑地看着桑娅的眼睛——不再刻意隐瞒真相的眼睛。

牧师抓住安赫莉娅的一只手，桑娅用双手握着另外一只，搀扶着吓得发蒙的她走进急救室的双开门。

他们进到房间，艾瑞克的眼睛又红又肿，他的身体是那么虚弱和虚无，似乎可以一下子穿透。

安赫莉娅看到肯尼一动不动地躺着，她伸手抚摸他的手臂，她用生命灌输了温暖的手臂如今却石头一般冰冷。她用手臂疯狂地抽打着艾瑞克，双膝滑落在地上，哭喊道：“不！不！不！”

肯尼只有 14 岁，他和好朋友盖奇一起走着走着突然说不舒服，然后就晕倒在地上。盖奇跑去寻求帮助，肯尼的父亲很快赶来，给儿子做了心肺复苏术。

然而一切为时已晚。很长一段时间，肯尼的胸口一直悬着一颗定时炸弹。致心律失常性右室发育不良（ARVD）是一种罕见的疾病，会导致右心室逐渐衰竭。目前这种疾病难以诊断，肯尼这种情况一般都会致命。

肯尼与所有人一样，从未想到自己的心脏随时会毫无征兆地停止跳动。

之后的四个小时，安赫莉娅和艾瑞克交谈、哭泣、祈祷，然后继续交谈、继续哭泣。他们为肯尼曾来到这世界心怀感激，尽管他的生命如此短暂。他们内心很纠结，不知应该如何把这个噩耗告诉肯尼六岁的妹妹基亚，但他们更纠结于如何告诉伊莱。伊莱是肯尼的弟弟，只有四岁，他很崇拜自己的哥哥。两个孩子还在家里与祖母一起等待。

早上六点钟左右，小鸟啁啾唱着迎接黎明的歌，抖落身上最后几滴夜雨。所有人都起身回家。

他们步履缓慢地朝停车场走去，每个人都不禁抬起头停下脚步，心中充满感激和敬畏。远方光辉灿烂的地平线上，横跨着一架美妙绝伦的双层彩虹。

接下来的一周是模糊和混沌的，充斥着无穷无尽的决断和详情。无数的援助，无尽的痛苦提醒。生命显得不再真实。

肯尼去世一周后，安赫莉娅一家想要逃离这一切，他们在附近城市的酒店订了一个房间，每日忙于观光游览。黑夜来临，乌云就袭上安赫莉娅的心头，她开始哭泣。

年幼的基亚已经习惯了妈妈的眼泪，却一直努力让她少流几滴。她紧紧地拥抱着妈妈，抬头看着窗外大声喊："妈妈快看！"

安赫莉娅转过身，艾瑞克和伊莱也走了过来，全家人静默地站在窗前，看着窗外完美无瑕的双层彩虹。

自从肯尼去世后，彩虹总会适时出现，给全家人带来安慰。"我们都说肯尼拥有一个彩虹遥控器，"安赫莉娅说，"每当我们的生活面对艰难，彩虹就会出现，就好像是肯尼在对我们说：'我很好，你们也要好好的，我们很快就会重聚。'"

经历孩子的离去是一种毁灭性的打击。然而，人们却都说安赫莉娅是个快乐的人，而她自己也认可这样的评判。

无论你是否明白失去孩子的痛苦，你都会从安赫莉娅的快乐建议中获益匪浅。

1. 寻找"上帝的默许"。肯尼去世后不久的某个晚上，哈姆家的门铃响起。安赫莉娅打开门却发现并没有人，而庭院里却残留着孩子气的恶作剧。

有人在他们家的前院撒满厕纸。

安赫莉娅走进前院，却发现眼前并非恶作剧，而是一场纪念活动。她听到树后面传来咯咯的笑声，才意识到厕纸拼成的是"肯尼"两个字。肯尼的朋友们用塑料叉子把厕纸固定在地上，仔细拼写出肯尼的名字。

在安赫莉娅心里，这是上帝默许的一个实例。上帝的默许让你明白自己拥有爱和支持，一切都会好起来。

2. 让你无限苦恼的，其实并不重要。“失去让你学会感激一切。”安赫莉娅说，“很多让你疯狂的事物其实都微不足道。”

“肯尼死后，我会躺着静静陪伴基亚和伊莱好几个小时。多亏了肯尼，我如今不再刻意关注与人共处的时间。我不知道这是不是最后一次与某人交谈，所以就会珍惜对待。”

她笑着说：“人，才是最重要的。”

3. 有时要学着接受现实。“人们问我如何从肯尼去世的悲痛中走出来，我经常回答说：‘我还没走出来。’”你永远无法摆脱失去孩子的悲惨阴影。如果你要继续活下去，就要放手过去的生活——重新建立正常的生活。你要学着接受已经发生的一切，否则你永远不会快乐。”

快乐服务

安赫莉娅和家人从失与得心灵疗伤中心的帮助中受益良多。

网址为：www.lostandfoundozarks.com

迪伊·马克

快乐流浪

Happy Stories!

不抱怨的人生，
才有无限可能

镇上新来的小女孩直面内心的恐惧，踏上流浪之旅。

我旅行不是为了目的地，而是为了出发。我旅行只是为了旅行。

最伟大的就是不断前行。

——罗伯特·路易斯·史蒂文森

空气中充斥着网球鞋在光滑的大理石地面上跑来跑去的声音，吱吱的摩擦声在少年兴奋的喧闹中依然听得真切。

迪伊以前从未听到过如此多的噪音，她紧紧抱着书本，低头往前走，眼睛盯着脚下的地板。她间或抬起头，扫一眼笨重橡木门上的小标牌上用大写字母印着的老师名字。

迪伊对自己说，欢迎来到大城市的七年级。

“艾莉森夫人……艾莉森夫人……”她轻声默念。置身一片混乱中，她从低头凝视静止的地板和默念老师的名字中寻得安慰。

迪伊转过墙角，两个男孩子站在教室门前一边笑一边相互推来推去，她抬起头伸长脖子望向门口。

她生来第一次觉得自己是那么矮小。美国 12 岁女孩的平均身高是一米六二，而迪伊却不到一米三。她身材娇小——像个小精灵。迪伊很可爱，一大部分源于她的娇小玲珑。

而那一刻，她的娇小并没有让她更可爱，反而平添了她的挫败感。她一路走来，似乎总有高个子同学横亘在她和教室门上的名牌之间。

过去 12 年中，迪伊一家居住在堪萨斯州的路易斯。自她开始上学起，班里就只有她和其他 15 个孩子。年复一年，孩子们从未改变，9 个男孩、6 个女孩。

从未有人转进他们的班级，也从未有人转走——迪伊是第一个。

迪伊一个新同学也不认识，而且竟然有如此多的新同学。她从未想过整座城市会有这么多与她同龄的孩子，更不消说全在同一所学校了。

讽刺的是，她的新家堪萨斯州自由城并不是一座很大的城市，仅仅拥有 16 000 名市民。然而，每个人眼睛看到的才是自己的世界。对于迪伊而言，从路易斯搬到自由城无异于搬到日本东京，她感到自己如此渺小、如此迷茫、如此微不足道。

“克莱顿先生……舒尔夫人……奥伯恩多佛先生……”每经过一间教室，她就读一下门上的教师名字，希望能在上课铃响起前找到自己的教室。

迪伊心中有两个疑问：

1. 偌大的学校，为何没有人主动帮助一个新来的孩子？

2. 其他的孩子怎么都知道她是新来的，故意冷落她？

迪伊也曾试着与其他女孩交朋友，却发现她们的小团体根本无法渗透进去。其他女孩都取笑迪伊，把她当作笑柄。迪伊发现一个真理——再没有比青春期的少女说话更尖酸刻薄的了。

迪伊有个同班同学，恰好又是邻居，两人就约定一起玩。然而这个女孩却让迪伊空等一场。

“不止一次，”迪伊回忆说，“她放过我四次鸽子。”

迪伊·马克如今已有61岁，身材依然娇小。她脸上的光彩如此明亮，与她面对面交谈你会感觉自己笼罩在快乐的光芒中。与她聊天的时候，她的身体向外涌出如此多快乐的能量，你会觉得这些能量渗透到自己的体内，让你变得更快乐。

“那个小女孩——我已经记不起她的名字了——用一次次爽约，”迪伊说，“改变了我的整个人生方向。”

她吃吃笑着说：“我就此开启了自我探索之旅。我身在全新的小镇，没有人认识我，我可以尝试不同的角色，寻找最适合自己的定位。”

“我尝试过书呆子、专心用功的好学生、运动员……甚至是高中坏女孩，”迪伊拍打着膝盖，笑着大声说，“我承认自己不是个合格的坏女孩。”

她最终找到了最适合自己的角色，这个角色伴随她在路易斯度过了性格形成期，也将伴随她度过在自由城的性格扩展期：“我很快乐，我一直很快乐——这就是我，我是个快乐的人。”

迪伊经过了很多年才完全适应大城镇的生活，然而这段自我调整的经历为她的成长铺就了道路，让她深深为此着迷。如果不再逃避新来者的身份，而将此当作自己的生活方式，又会如何呢？

迪伊选择护理作为自己的职业，因为护理行业一直人员不足，而且可以通过帮助他人过上不错的生活，同时还能继续自己漂泊不定的生活方式。

22 岁那年迪伊从护理学校毕业，她收拾行囊，冒着不合时宜的暴风雪，驾驶着大众甲壳虫从堪萨斯州的威奇托来到了新墨西哥州的陶斯。

在陶斯，她见到许多之前闻所未闻的事物——当然是在堪萨斯州闻所未闻。她遇到过同性恋者，遇到过人民公社的居民，遇到过如彩虹般多姿多彩的各色人种。

在陶斯住了一年后，迪伊把美国西部的地图挂在了墙上。她闭上眼睛，挥了挥双臂，原地转了几圈，然后把手指按在地图上。几天后，她就踏上了开往新家的旅程——怀俄明州的兰德。

又一年过去了，地图再次出现在她的墙壁上。按照一年前的仪式，她的食指指向了亚利桑那州的普雷斯科特，于是她搬到了这里。

大约从那个时候起，护理机构在全美国范围内如同雨后春笋般涌现。这些机构将合格的护理人员派驻到不同的城市，时间长短不一。得知这个消息后迪伊兴奋不已，立刻与一家机构签订了合同。

七年级的时候，初到小镇的迪伊遭受严重的精神创伤，而今成年后的她却刻意让自己成为一个初来者。她在十几个城市居住过，她尽情享受每座城市带给自己的生活经历。

至于如何更快乐，迪伊给出三条建议：

1. 结识快乐的人。寻找快乐的人，多跟他们相处。

迪伊大笑着说：“这对我很容易，因为我是如此快乐，那些不快乐的人不愿意跟我相处。他们觉得我很讨厌。”

2. 不愿接受，就不要说出来。“不要抱怨，”迪伊建议说，“抱怨会给你的问题增加力量，让问题持续更久。再说了，抱怨会让你的心情很差。”

3. 敢做初来者。快乐的人会经常尝试新鲜事物。迪伊说：“尝试新鲜事物什么时候都不晚，你会从中发现自己非常喜欢的东西。”

52 岁那年，迪伊终于结束了自己的流浪生涯。经历了这么多城市，结识了那么多人，终于出现一个特殊人物让迪伊停下脚步，安定下来。她遇到了鲍勃，并爱上了他。

你能在鲍勃脸上看到快乐，一如迪伊所流露出的快乐。你不禁会想，鲍勃是本就如此快乐，还是如同月球反射阳光一样反射着迪伊的快乐？

无论是哪种情况，有一点都无可否认——他们两个都非常快乐。

第三章 如何拥有不抱怨的人生

假如我们生活自在，做事有智慧，我们就会发现只有最伟大和杰出的事物才能永存。

不抱怨的人生，
才有无限可能

珍妮·哈利斯

继承快乐

一位母亲甘冒风险，帮助自己未出生的孩子。

如果我一生中做了什么值得人们注意的事情，

那一定是因为我继承了母亲的气质。

——布克·华盛顿

珍妮慢慢合上笔记本电脑，同时合上了疲惫的双眼。她缓慢长长地深呼吸，尽力放松自己。又一次调查研究到深夜，珍妮把电脑推向床边，放在地板上。

珍妮·哈利斯是个古典美人，明亮的蓝眼睛、高高的颧骨、翘翘的鼻子，就像一个亚历山大娃娃。她的笑容明媚，散发着快乐的光芒。

珍妮体形纤小——非常典型。而现在，她的身体每天都会随着第二个孩子一点点长大。

珍妮关上电脑，伸出一只手臂抱住静静躺在自己身边的丈夫凯文。又一个不眠的夜晚即将来临，珍妮回忆往昔，过山车一般的情绪已变成她生活的全部。

起初，得知自己怀孕后，珍妮的心情飞扬了起来。凯文很快可以跟儿子一起玩体育活动，而四岁的汉娜也将有个小弟弟。

然后，医生发现她是异位妊娠，也就是胎儿在子宫外着床发育，珍妮的精神一下子崩溃了。异位妊娠对于胎儿来说是致命的，也会给母亲带来致命的危险。

为了保护珍妮的健康，医生安排了诊断治疗程序，用外科手术终止妊娠。然而医生在动手术的时候发现了惊人的事情，之前的诊断出现错误——胎儿根本不在子宫外发育。

手术立即停止，所有人都祈祷珍妮不要流产。

几周过去并没有任何问题出现，珍妮又开始充满希望——甚至有些兴奋和激动。怀孕过程进展很顺利。然而，一次常规超声波检查中的发现让她再次不安起来。

“什么？”珍妮问道，她感到一丝异样。凯文从椅子上站起来，仔细看着显示器。

一段令人不安的长久沉默之后，护士换上了欢快的职业表情，她站起身，有些夸张地笑着说：“稍等，我马上回来。”

珍妮躺在检查台上——担忧的巨浪把她的心撕得粉碎，凯文握着她的手，两个人都没有说话。

漫长的等待，似乎等了无数个昼夜，护士终于回来了，她眼睛低垂，后面跟着珍妮的医生。医生脸上带着僵硬的微笑，拿起超声仪器的探头在珍妮的腹部慢慢滑动了几下。他收起笑容，表情变得严峻。

“胎儿脊柱发育异常……”医生的声音越来越小。

珍妮和凯文的心脏在胸口怦怦地跳。

“我们需要重新观察研究。”医生想用这样的话来淡化事态的严重性，他为珍妮和凯文打印了一张胎儿的超声波图像，却没有显示胎儿的背部。医生嘱咐珍妮一周后再过来，就迅速离开了。

之后的七天时间里，珍妮和凯文在互联网上搜寻有关胎儿、婴儿和新生儿脊柱异常的信息，他们阅读了大量有关脊柱裂和其他脊柱疾病的文字。最后，两人后悔不该如此深入研究，因为他们被了解到的一切吓到了。

脊柱裂是由于母亲在怀孕前或怀孕后获得叶酸不足所导致的胎儿疾病。椎骨异常会让胎儿的背部出现膨出，随着膨出不断变大，脊柱会往身体外生长。

患有脊柱裂的孩子会出现腿脚无力、麻痹、畸形足、大小便失禁、褥疮、眼球运动异常和其他身体心理问题。

大约千分之一的婴儿会感染最严重的脊柱裂。医生向珍妮和凯文证实说，他们打算取名为诺伦的男婴患上了最严重的脊柱裂，夫妻俩听后几乎停止了呼吸。

他们僵直地坐在椅子上，听医生解释诺伦可能要患上的身心残疾。医生还小心翼翼地提到照顾孩子一生要面临的各种挑战和困难。

珍妮和凯文看到——用充满恐惧的心灵之眼看到——他们孩子的婴儿车变成轮椅，喂养和换洗将伴随他们一生。

珍妮不可置信地盯着医生的眼睛。

凯文清了清嗓子，抓住一丝希望问：“如果进行宫内手术呢？”

他在互联网上了解到一种颇具争议的新技术，可以对尚在母亲子宫保护下的胎儿进行脊柱裂治疗手术。

“风险太大，”医生挥挥手，否定了凯文的建议，“我觉得这样很不妥——何况，这项手术不在医保范围之内。”

之后几个月，珍妮开始研究这项在子宫内治疗脊柱裂的新技术。这种手术在过去四年中进行过 11 次，成功率很高。

他们的朋友和同事通过高尔夫户外活动、洗车和面包义卖筹集了 5000 美元，帮助哈利斯夫妇支付第一部分的费用，手术总费用为 15000 美元，分三次付清。

珍妮的宫内手术申请遭到了拒绝，因为医生认为手术风险太大。然而哈利斯夫妇一直坚持，医生只好同意，但前提是他们要提前几周做好准备。

准备事项包括一连数周每天八个小时面对那些极力反对手术的医生，尽管他们都没有亲身经验。而且，由于宫内手术最担心的不良反应是自然分娩，珍妮还要去医院的早产儿病房照顾几天婴儿。

在整个准备阶段，珍妮每天晚上回到家都会哭泣。她求助于互联网，对照着越来越长的问题和疑问清单寻找答案，一直搜索到午夜之后。

最终，珍妮做了手术，脊柱裂对诺伦的长期影响很小——远比不动手术、让他生下来就患有严重脊柱裂要小很多。

诺伦继承了母亲的湛蓝眼睛和灿烂笑容。最为重要的是，他很感激自己继承了珍妮的快乐气质。珍妮提醒我们快乐是一种选择，并给出了三条关于快乐的建议。

1. 认清自己的力量。诺伦刚出生的时候，珍妮担心自己不会照顾一个有特殊需要的孩子。一位充满智慧的护士建议说："孩子长大了会不会残疾完全由你决定。你把他当成残疾来养，他就会变成残疾。你若把他当成想做什么就能做到什么的男子汉，他就会成为你的骄傲。"

"哇！"珍妮说，"听了她的话，我突然意识到自己将在诺伦成长的过程中扮演多么重要的角色。"从那一刻起，全家人再没谈论过诺伦的疾病，他们把目光放在诺伦能做到的事情上，而不是紧盯着他无法完成的事情不放。

在珍妮和凯文信心的支持下，诺伦的成就已经超出了父母的期望。

2. 谨记自己的存在定有原因。如果你相信，自己此时此刻的存在有着一定的目的，那么生活就会充满意义和快乐。

"要记住，你的存在定有原因。"珍妮如同念咒语一般对诺伦和汉娜说。

诺伦存在的原因也许是他渴望成为下一个乔布斯或比尔·盖茨。如今他在通往理想的道路上信步前行，他开发的一个电脑游戏程序已经被下载了三万多次。

3. 坚持自己的信念。尽管手术的过往记录良好，专家依然坚持认为进行手术不会对胎儿有任何帮助，只会给他带来不可挽回伤害的风险。

珍妮聆听每个人的意见，最后还是选择相信自己的内心，坚持做手术。如今看着高大魁岸、一头微红金发的诺伦，她很庆幸自己当初的坚持。

快乐服务

www.spinabifidaassociation.org

大卫·格拉斯

我坚强，我快乐

即使遭受致命疾病的重创，他依然选择快乐生活。

> 球迷们，过去两周你们已经知道我不幸离场。
>
> 而今天，我认为自己是世界上最幸运的人。
>
> ——卢·格里克

“该死！”大卫一边抱怨一边在心里琢磨着，我该怎么办呢？

大卫·格拉斯站在谷仓内壁的梯子上，谷仓只有 12 米高，他的位置大约在半腰。作为一名技工，他的工作就是建造这些巨大的圆柱形金属容器。技工是种体力活儿，同时需要精细和耐力，因为他们每天都要在这些建筑物的里外墙壁上爬上爬下很多次。

大卫很喜欢这份工作带来的强体力活动，然而过去几个月中，他对工作的热爱逐渐变成了对健康的担忧。

正是这种担忧让大卫陷入目前进退两难的困境。他发现一个金属螺栓上的螺帽好像松了，这对于他本是很简单的事情，只需一手扶住梯子，一手伸下去拿起扳手，然后拧紧螺栓就行了。问题是现在大卫站在将近三层楼高的地方，只能用左手抓住梯子，右手伸出去取扳手，而最近他的左手老是出现问题。

他第一次发现这个问题是在四个月前。他弯腰去捡两根重重的钢管，一手抓住一根，起身的时候却发现左手无法握紧，根本提不起钢管。

几天后他重新尝试了一下，居然毫不费劲就提了起来。他完全忘记了左手的无力，直到后来又发生了一次。这次他提不起来的是一台发电机。一周后同样的事情再次发生，两天后第四次上演。

自那之后，大卫的左手时常毫无征兆地失去力量。而现在，他站在 12 米高的梯子中间，要用左手紧抓住梯子的横档，腾出右手去取工具腰带口袋里的扳手。

大卫开始担心上下梯子，不过他知道爬上爬下的时候即使左手握不紧，还可以迅速用右手抓住。可是现在，他把自身的安全甚至生命都放在自己手上——确切地说，是放在抓握不稳的左手上。

大卫深吸了一口气，慢慢松开右手手指，同时尽力握紧左手。他用右手抓住了扳手，拧紧了螺栓。他感激地舒了一口气，换右手扶住梯子，用左手把扳手放回口袋，然后非常小心地往上爬，继续检查庞大的谷仓。

大卫去看过医生，诊断说他的前臂肌肉拉伤。他对忙碌的医生解释说自己的前臂没有受伤，只是会间歇性地失去力量。医生开了一张肌肉放松药物的处方，塞到大卫手中就出去了。大卫把处方扔进了垃圾桶。

第二位医生认为大卫患有无端恐惧症，并开了相应的处方。这张药方的归宿同样是垃圾桶。

大卫去看了第三位医生，这位医生不像前两位，他为大卫做了检查。他让大卫做了几个检验灵活性和平衡性的动作，比如用脚跟走路、踮着脚尖走路、单腿站立等。

结果诊断出大卫患有某种神经病，也就是说他的末梢神经患有一种不明的疾病。到这个时候，大卫发现身体的其他肌肉也开始不定时出现软弱无力的情况。

最后，他被推荐给一位神经病专家，经过五天的测试和几周焦急的等待，医生给出了检查报告。

“你得的是肌肉萎缩性侧索硬化症（ALS），也称为卢·格里克症。”医生如是说。ALS 是一种进行性神经系统退行疾病，会影响到大脑和脊髓的神经细胞。病人的肌肉逐渐失去功能，到最后身体无法维持活动。

ALS 是致命的疾病。通常情况下，一旦 ALS 病人的横膈膜失去吸气的力量，病人就会死去。病人的呼吸会越来越浅，不过几天或数月就会窒息而死。

这是一种极慢极可怕的死亡方式。

一旦确诊，ALS 病人的剩余寿命平均只有三到五年。如今大卫确诊已经两年，他只有 39 岁。

大卫住进一家小型的疗养院，家人朋友经常来看望他。如果你问起，他们会说来看望大卫能让他们的精神得到鼓舞，而不会变得沮丧。

一位朋友这么描述自己来看望大卫的缘由：“我就是很喜欢大

卫的人生观——他经常鼓励别人。真的令人惊奇。他治愈我的心灵，也许他自己都不知道用的什么方法。”

另一位朋友说：“大卫曾是我认识的身体最强壮的人。现在，虽然他的身体动不了，但在我眼中他比以前更强大。他的力量来自内心。我每次来看他，总能得到很多鼓舞。”

短短两年时间里，大卫几乎丧失了所有照顾自己的能力。他身上的肌肉一处处失去功能，开始萎缩。

大卫的身体就像一座房子，生命逐个熄灭每个房间的灯，最后灯光全熄灭了，他就要离去了。我们每个人都会在某个时刻离去，只是大卫离去的时间比我们大多数人要早——比他自己和深爱他的人希望的要早。

尽管大卫的肌肉不断萎缩，他的乐观和热情却飞得更高。他给了三条让生活更快乐的建议。

1. 善心。 与人为善不仅会让你感觉良好，也会让你的生活变得更好。“疗养院的工作人员都是非常好的人，”大卫说，“但是他们也是凡人。我发现，病人的态度越好，得到的照顾越多。”

“我并不是说护理人员有意不去照顾那些爱抱怨的病人，只是人的本质是全心全意对待自己喜欢的人，而和气待人会让别人更喜欢你。”

2. 积极心。 快乐的人总是很乐观，而消极悲观的人不可能快乐。“我是一个乐观的人。”大卫说，“现在我自己已经无法穿衣吃饭，洗澡也不能自理——甚至连挠痒都需要人帮忙。可是我还能呼吸，还能吞咽，还能讲话，还能用电脑。我知道自己终有一天也会失去这些能力，但是趁着现在还可以做，我就要好好享受。”

3. 爱心。“这个世界有那么多东西、那么多人值得去爱，”大卫说，“要把注意力放在这些人和事之上，而不是关注其他。学会热爱自己目前的生活，那么无论生命长与短，你都会度过快乐而奇妙的一生。”

快乐服务

肌肉萎缩性侧索硬化症（ALS）协会网址：www.alsa.org

维尔日妮·沃尔什

快乐之河

Happy Stories!

不抱怨的人生，
才有无限可能

她沿着生命之河溯流而上，快乐地度过 90 多个春秋。

生命就像一条河流，时而宁静流淌，时而急流突现。

——艾玛 · 史密斯（摩门教创始人约瑟夫 · 史密斯之妻）

生命之河的平静和急流，维尔日妮 · 沃尔什都曾经历过。

94 岁的维尔日妮住在敬老院，她是个相当活跃、非常快乐的人。她有权称呼那些低于 60 岁的年轻人为亲爱的。对她而言，充满热情地称呼别人就像呼吸一样自然。

维尔日妮个性鲜明，热爱生活，积极向上，风趣幽默，总是很忙碌。她是每个人都渴望的完美人生楷模。

看着维尔日妮现在的样子，人们不禁会揣测她过去的生活一定很顺利。她是如此镇定、如此满足，只有一生无虞的人才会如此快乐。

然而正如棱角分明的石头会被无情的流水磨成浑圆，维尔日妮的棱角也是在生命之河中渐渐锉平的。

对于维尔日妮和丈夫汤姆而言，生命之河一度流淌顺畅，然而后来河流出现了意想不到的转弯。

汤姆是陆上卡车司机，经常一走数日甚至数周。他和维尔日妮很珍惜能在俄罗斯河边小木屋团聚的时光。一天晚上汤姆开车先行去小木屋，维尔日妮计划第二天早上再过去会合。

汤姆在路边一家卡车司机经常光顾的酒吧停下来，与朋友对饮几杯啤酒后，走回灯光昏暗的停车场。

“把钱交出来，不然我他妈的打死你！”一个年轻人命令说，他的眼中充满愤怒，汤姆知道他的威胁不只是说说而已。然而几杯啤酒壮大了汤姆的胆子，他觉得自己肯定能打过歹徒。可他并不知道，站在他面前的抢劫犯只是为了分散他的注意力，真正的袭击者正从背后向他扑来。

汤姆听到一记响亮而恐怖的敲击声，他还没来得及把这声音与后脑勺的剧痛联系起来，他的眼睛就不由自主转向夜空，双膝发软倒在了破旧的沥青地上。

汤姆动弹不得，又一记铝制棒球棒挥来，他失去了知觉。

维尔日妮接到电话后把汤姆送进医院，医生草草检查一番，说他健康状况良好。

然而接下来的几天，汤姆完全变了。

“他不是原来的他了，”维尔日妮说，“就好像他从家里搬走，又搬进来一个陌生人。我不断咨询医生，他们都说没问题，不过是创伤后的余悸。”

怀着满腹的担忧和沮丧，维尔日妮打电话咨询身在另外一个州的医生老朋友。维尔日妮向他描述整个事件的过程和汤姆的病情。

他突然打断维尔日妮，用命令的口吻说："你要送他去医院。"

"可是……"维尔日妮咕哝着说。

医生朋友再次打断她的话："我不管你用什么办法骗他，但一定要把他送进医院——马上！"

医生很不情愿地给汤姆做了第二次检查，这次他们发现了两处硬脑膜下血肿。汤姆的脑部严重出血。

汤姆在医院住了三个月之久，治愈了袭击带来的伤害。

这时河流再次出现转弯。

维尔日妮说："汤姆无法工作，他伤得太严重，所以 59 岁他就辞去了工作。我知道最好给他找点儿事情做，不然他会失去生活的乐趣。"

汤姆从受害者基金获得一笔赔偿金，在维尔日妮的鼓动下他们决定用这笔钱出去旅游。汤姆热爱大海，可维尔日妮容易晕船，所以从密西西比河到尼罗河他们游览了世界上许多大河名川。

他们一起度过了许多快乐时光，然后生命的河流又一次转弯，汤姆去世了。

维尔日妮度过悲痛时期后遇到了理查德。理查德也很喜欢俄罗斯河，两人就是在这条河上相遇的。他们成了朋友——柏拉图式的朋友，维尔日妮连忙澄清——他们一起旅行，直到九曲回转的生命之河再次转向，把理查德也带走了。

河水顺流而下，遇到不可撼动的阻拦就会绕道而行，而河流和它全部的力量却无怨无悔朝着新的方向奔去。对于维尔日妮而言亦是如此。

经历过理查德之后，永不停息的生命之河载着维尔日妮走过了几十年。而去年，她的儿子吉姆去世了，享年74岁。“不管你年岁多大，”她说，“失去孩子都一样难过。可你不能只是坐在椅子上陷入痛苦无法自拔——生活还要继续。”

对维尔日妮来说快乐是一个持续终身的过程，让她不再执着于生活中的不可撼动之物。她说：“你必须接受现实，愤怒和憎恨并不会让你快乐……而我想要快乐！”

关于如何享受更快乐的生活，维尔日妮给出三条建议：

1. 拒绝不快乐。“我看到很多人都不快乐，我就是不太明白，”维尔日妮的微笑里透着诡异，“好像有些人就希望自己不快乐。生命是一个又一个不同的阶段，你如何去适应这些阶段决定了你是否快乐。”

2. 强迫自己寻找正能量。生活中绝大多数事情会给你带来积极的影响，至少也会蕴含积极向上的种子。多去寻找事物好的一面，而不要让自己的心灵陷入消极的泥沼。

维尔日妮建议说：“如果你不积极看待生活，受伤的会是谁呢？只有你自己！你只会让自己更难过。”她拍着手掌说：“不如行动起来，直面生活，保持积极的态度，让自己快乐起来。”

3. 接受生活现实——一切都没关系。最近维尔日妮去更新驾照，首次遭到拒绝，她就把汽车卖掉了。“要不然怎么办呢？”她使劲耸耸肩说，“你改变不了现实，就去适应它——接受它。”

维尔日妮用她的亲身经历告诉我们，优雅地老去就是颂扬青春留下的礼物、探索有待探索的未知。

汤姆·帕斯

书中的快乐

年轻的他走出绝望的深渊，为他人指引道路。

有多少人由于读一本书而开始一段新生活的历程。

——亨利 · 戴维 · 梭罗

汤姆慢慢睁开一只眼睛，扫视房间四周，寻找熟悉的东西让自己想起身在何处。

房间又小又脏，曾经洁白的床单如今沾满暗黄色的污垢，歪歪斜斜钉在窗户上成为窗帘。他身旁的矮茶几上堆满了空啤酒罐。

汤姆想数数有几个啤酒罐，可是一动脑筋就头痛欲裂。房间里散发出阵阵臭气，混杂着快餐、酒精、香烟和脚臭的味道。

他把沙发靠枕拉到头顶，阻挡透过肮脏床单照过来的阳光。这个动作带来一声长长的呻吟，他的嘴巴干渴酸涩。他慢慢坐起，感到一阵眩晕，脑袋嗡嗡作响。他伸手到桌边上抓起一瓶仅剩四分之一的威士忌酒。

瓶口开着，汤姆贪婪地一饮而尽。

他摸索了很久才找到鞋子，然后走出房间，走进午后刺眼的日光里。他漫无目的地在大街上徘徊，寻找喝咖啡的地方。

汤姆·帕斯那年26岁，他高大帅气，似乎各方面都拥有优势。他口才颇佳，很能吸引他人的注意，给人一种非常聪明的感觉。事实上，他的确很聪明，虽然他只有四年级的文化水平。

汤姆凭借自身的魅力读完高中，在半文盲状态下顺利毕业。此后的八年中，他因考试不及格被两所大学勒令退学，先后做过将近30份工作。而今他没有工作，流离失所，每天每夜把自己灌得烂醉如泥。

一个词语在他的脑海不断萦绕。他憎恨这个词，因为他曾听到人们无数次用这个词来形容自己：废物。他穿过街道，来到一家小餐馆门前，大声地吐出这个词。这个词在他自己的唇舌间尝来更加苦涩，却似乎越来越能准确地描述他当前的状态。

虽然天上有太阳，汤姆却不知道确切的时间。他推开餐厅门，惊讶地发现里面几乎空无一人。

面对太多选择，他在原地站了一会儿，踌躇着应该坐在哪里。餐厅的偏僻角落传来一个男人的声音，在叫他的名字。汤姆朝声音走去，看到一个男人坐在包厢里，手上捧着一本打开的书。他抬起头，微笑看着汤姆。

汤姆在酒精过度的迷糊中搜寻有关此人的记忆，却徒劳无功。他和汤姆年纪相仿，不过他的眼神很清澈，看上去很满足。

“你好，汤姆。”他带着真诚的微笑，朝对面的座位挥挥手说，“坐下吧。”

这个人是我的酒友吗？汤姆一边坐下一边想。

“那个……好久不见了。”汤姆假装认识他。

他的脑海中突然闪现这个人的名字，斯科特。过去的很多个晚上他们曾一起喝酒，而今眼前的这个人却不像原来的斯科特。

“你变化真大。”汤姆说。

“你却一点儿也没变。”斯科特大笑着说：“让我猜一下，你刚刚醒来，对不对，兄弟？”

汤姆没有回答，斯科特又笑着说：“哇，看到你让我意识到依然有许多不好的事情在上演。”

喝了三杯咖啡后汤姆终于清醒，就开始悲叹生活的艰难和不公。斯科特淡漠地听着，脸上始终挂着平静的微笑。

斯科特聆听汤姆宣泄了将近十分钟，他合上正在阅读的书，推到汤姆面前。

汤姆低下头，努力看了看书名，又推还给斯科特。

斯科特马上又推了过来。

汤姆又推回去。

“听着，老兄，如果你希望自己的生活有所不同，就要做点儿不同的事情。”斯科特告诫汤姆说，“你必须行动起来。拿着这本书，回去读一读。这本书改变了我的生活。”

汤姆起身，把这本平装书塞进口袋。他含混地咕哝了几句感激的话语，握了握斯科特的手，离开了餐厅。

他无处可去，也无事可做，就在公交车站的长椅上坐了下来。他伸手到口袋中掏出那本书。没有了他人评判的目光，他终于可以费力缓慢地读出书名："世界上……最……伟大的……奇迹，奥格·曼……狄诺。"

破译了封面上的文字后，汤姆轻蔑地重复一遍书名："世界上最伟大的奇迹。"

无所事事的他翻开书开始慢慢阅读——极其缓慢地阅读。

几周后他终于读完了，然后他重新读了一遍——再一遍，再一遍，再一遍。这本书让他开始思考自己也许并不是废物，只是自己的选择让他走上了这条路。

汤姆开始与不酗酒的人来往，他寻找对人生负责任的新朋友，而他们都很欢迎汤姆的加入，这让他很是讶异。

而且，汤姆开始不断读书。如果他觉得自己能从某一本书中获得通往成功的秘诀，就会认真品味。20 多年过去了，汤姆已经阅读了 600 多本这样的书。

而今，汤姆已经成为不折不扣的成功者——他是全美国最大的二手手机经销商 PaceButler（佩斯巴特勒）公司的创始人和执行总裁。他走进婚姻殿堂，身体一直很健康，育有两个可爱的女儿。十几年来他滴酒未沾。他成为社会上的富人之一，并利用自己雄厚的经济实力帮助他人改变生活。

截至目前，汤姆已经向学校、监狱、收容所、人生指导项目和教堂捐献了 50 多万本各类书籍。

"虽然那个时候我几乎目不识丁，"汤姆说，"但斯科特送给我的那本书却成为我的救生索。这个世界上有千千万万的人需要这样的救生索，我要尽自己最大的努力把救生索送到更多的人手中。"

汤姆对这项使命充满激情。他热爱生命，是个极其快乐的人。他与自己指导的每个年轻人分享一种记忆技巧，帮助他们牢记自己的快乐秘诀。

“记住 RED（红色）这三个字母。”这就是汤姆的快乐秘密：

1. Read（阅读）。无论你正在经受怎样的生活遭遇，之前总有人有过类似的经历，并写书告诉你应当如何克服。你完全可以依赖书本上的知识和他人的经验。

2. Exercise（锻炼）。汤姆每天早上都会做 220 个俯卧撑，他先后参加过 40 多场马拉松比赛。“锻炼能够使人体释放内啡肽，内啡肽有助于改善你的心情，而且会让你更有能量。”汤姆如是说。

3. Dream（梦想）。你对未来的憧憬能够决定今后的生活如何展开。汤姆说：“人们大多怀着微小的梦想，过着平庸的生活。若想生活变得宏大，首先要敢于做宏大的梦想。”

为 PaceButler 公司招聘人员时，汤姆总会寻找那些像极了过去自己的“废物”。许多人从汤姆那里获得了榜样力量、人生指导和知识教育，从而获得了人生救赎。

“这些让我感到非常快乐。”汤姆露出了满意的微笑。

大卫·伍德科克

态度决定快乐

Happy Stories!

不抱怨的人生，
才有无限可能

快乐的态度让他和家人战胜疾病和灾难。

把胆怯留给自己，将胆量分享给他人。

——罗伯特·路易斯·史蒂文森

大卫有个秘密。如果他不邀请你到他的私人世界与你分享里面的一切，你永远不会知道这个秘密的存在。而这正是大卫所期待的。

大卫·伍德科克30岁出头，同时做两份工作，一份是在附近一家杂货店的餐厅清理餐桌，另一份是在一家大型电影院检票打扫剧场。大卫是一位法定盲人（注：所谓的“法定盲人”，并非全盲什么都看不见。根据美国医疗协会的定义，矫正后优眼视觉敏锐度20/200以下或视野角度20度以下，就可认定为“法定盲人”。不过美国各个州的规定有一定差异），不管去哪里都要乘坐公共交通工具。

大卫的秘密——唯有为数不多的家人和亲密朋友才知道的秘密——是他患有癌症。

令人啼笑皆非的是，大卫自己也是几周前才知道的。那天，他和父亲在房间里打打闹闹，他爸爸发现他脖子上有个肿块。医生的诊断结果是大卫患上了霍奇金淋巴瘤，他的上肢共有四处癌症肿瘤在不断生长。

“医生说我需要做化疗，而且我的身体会很虚弱，可能无法继续工作，”大卫说，“所以他们让我做好休假的准备，等治疗之后再去上班。”

大卫微笑着，揉了揉脖颈上第一个发现肿块的地方，说：“我有房租要交，还有其他的账单要付，所以我决定继续工作，我觉得应该不会有什么影响。”

大卫朝前倾了倾身体，笑容更加灿烂，继续说：“你知道吗？结果真的没什么影响。”

他下定决心，如果一定要进行化疗，那就接受化疗，但在化疗过程中他要过正常的生活——即使这个过程要持续六个月之久。

大卫极力控制知晓自己患癌的人数，因为他不想让任何人影响自己的态度，哪怕他们是出于对自己身体的诚挚关心。大卫不希望人们把自己视为“癌症患者”，他不想谈论或关心自己的疾病，他只想全神贯注于康复。

在半年的治疗期，大卫守护着自己的态度，如同守护着最宝贵的财富，他说：“第一次确诊的时候我就告诉自己：‘我一定要战胜癌症，不能让它把我打垮。’”

大卫拍了拍自己的肚子，说：“我从没感到过恶心——一次也没有。我从未请过一个小时的假，除非已经跟医生约好时间。我之所以没有出现不舒服的症状，就是因为我的态度。”

现在大卫的癌症处于缓解期，而他自己却坚持癌症已经“消失”。还有谁比大卫更有资格宣称战胜疾病的呢？对大卫而言，超越身体的病痛是他一生的追求。

他出生的时候，两个肾脏都有问题，如果找不到器官捐献者，他就无法存活。结果他母亲的肾脏跟他完美匹配，于是一岁半的大卫成为当时接受肾脏移植年纪最小的人。

不幸的是，医生为他开的某种药导致了严重的硬脑膜下血肿，脑部出血给他的身体带来了诸多问题和缺陷，其中包括不完全失明和左侧身体虚弱无力。大卫的左手间歇性颤抖，他的双腿也明显长短不一。

而 35 岁的大卫却像漫步在永远灿烂的晴空下。他是个极其快乐的人，脸上时时刻刻挂着微笑，无论发生什么不幸的事情他总保持着积极乐观的态度。

大卫的快乐是馈赠他人的礼物。无论是餐厅里独自啜饮咖啡的顾客，还是电影院散场后踽踽独行的观众，他总会走上去对他们说几句话，祝福每个人度过美好的一天——他的祝福是诚心诚意的。

有人会认为大卫的工作很卑微，而他自己却视为绝佳的机会——不仅可以赚钱养活自己，还能帮助他人重新找回生活的美好。大卫觉得帮助遇到的每个人提升幸福感是自己的使命——哪怕只提升一点点，哪怕只持续几分钟。

如此，人们为他所吸引，想向他靠近。很多客人经常光顾杂货店餐厅，就是想沐浴在大卫性格的阳光里。

大卫热爱自己的工作，他有个要娶为妻子的女朋友，他打篮球，他的交际圈很广泛，朋友众多。大卫拿起分发给自己的扑克牌，凭借钢铁般的毅力，把它们变成了可获胜的一手牌。

大卫认为自己并非天生快乐，他坚信快乐就如同身体健康，是每日锻炼和投入的结果。他为我们提出了三条有关快乐的建议：

1. 面对问题时告诉自己："这只是我必须要克服的又一个困难，那我就去做，尽快让它成为过去。"逃避问题带来的压力远比直面问题、解决问题还要痛苦。无论什么样的挑战，去面对、去处理、去克服。

"当我发现自己患上癌症，必须要做化疗的时候，我本可以愤怒和哭泣，"大卫说，"而我没有。我知道一切都会好起来。我告诉自己：'这只是我必须要克服的又一个困难，那我就去做，尽快让它成为过去。'

"当我意识到自己若生病请假，就没有足够的钱养活自己的时候，我本可以心烦意乱，而这却成为一项伟大的恩典，逼着我做出决定，不让化疗影响自己的生活。一旦我决心不让化疗影响自己，它就真的对我没有影响。"

2. 只与支持你的人分享愿景。能够支持你宏大梦想的人其实少之又少。与他人分享自己的希望和志向之前，扪心自问这个人是否会支持你完整的梦想，是否会全心全意相信你能实现自己的愿望。

这个人是否会在你需要的时候给你鼓励和支持——还是只关注

路上的障碍和行不通的理由。

“我的生命源于我的态度，”大卫说，“我不会让那些不相信我能康复的人成为我康复过程中的团队核心成员。”

3. 态度决定一切。大卫说保持乐观积极态度的最好方法是经常与快乐的人在一起。“我选择让自己身处快乐人群中，”大卫说，“我喜欢跟朋友在一起消磨时间，无论是共进晚餐、一起散步还是闲聊。与其他快乐的人在一起会让我保持快乐。”

快乐服务

美国肾脏基金会：www.kidney.org

马琳·利特尔顿

快乐共分享

Happy Stories!

不抱怨的人生，才有无限可能

她向问题少女分享自己的快乐和爱心。

仇恨不能消除仇恨，爱才能消除仇恨。

这是永恒的法则。

——佛经

“好吧，至少拼写都是正确的。”马琳喃喃自语道。

马琳・利特尔顿在儿童之家极不配套的餐椅上坐下，小心翼翼地避开椅子上突起的弹簧。她和丈夫史蒂夫是儿童之家的管理人员，他们带着两个年幼的儿子与儿童之家里的八位青春期少女共同生活。

她刚把一堆要洗的衣服送到楼上，第二趟路过餐厅的时候她发现里面空无一人。这个地方每天忙忙碌碌，空荡荡的房间如同广袤沙漠里的绿洲一样罕见。她放下洗衣篮，拉出一把椅子。

儿童之家里这群年轻女性居民的需求无穷无尽，每天结束的时候马琳都感到身心俱疲。这一天也像过去的每一天一样艰难，她觉得自己就像身下的椅垫一样被消磨得破旧不堪。

马琳坐在餐桌前低头看了一眼，震惊的表情爬上她的脸庞，但很快又换成了淡淡的微笑。“马琳是贱人！”几个字深深刻在这件最显眼的家具之上。

马琳用食指摩挲着餐桌上镌刻的字母，想起过去五年中自己曾养育过、抚慰过、支持过、捍卫过、疼爱过的几百个女孩。她想起第一年这些女孩对自己是多么刻薄，每天晚上和史蒂夫蜷缩在狭小的沙发床上，她都会在哭泣中睡去。

楼上房间传来女孩们的尖叫声，把马琳从回忆拉回现实。马琳从她们兴奋的声音中推测，罪魁祸首正在向其他女孩描述自己公开挑衅的举动。她稳坐在椅子上，双手紧握在一起，重新读了一遍让自己痛心的形容词。

“艾伦！”马琳仰起脸朝着天花板大喊，希望自己的声音能传得更远。

头顶的房间立即安静下来。停顿片刻后孩子们总会狡猾地想要证明自己的无辜，所以艾伦大声回应道：“什么事？”

“你们都下来一下，”马琳回答说，“马上！”

楼上同时响起几个焦虑的咕哝声。

大约一分钟后，16 只脚踌躇着从楼梯上下来。八个女孩站在四周，脸上全都写满尴尬和局促不安。当天才来到儿童之家的女孩一副茫然若失的表情——茫然若失又悲伤不已。

马琳沉默地审视着八个女孩。她们的年纪在 12 到 16 岁之间，每个人来到这里都并非出于自愿。她们大多经历过人类无法容忍的事情——要用一生来疗伤。

站在马琳面前的孩子中，有几个都遭受过性虐待。一个女孩的妈妈把她丢给邻居，从此一去不回。另一个女孩终年穿着长袖衣衫，来掩盖父亲用香烟烫的伤疤。还有个女孩来到马琳所在的儿童之家，是由于邻居举报她的母亲吸毒成瘾，对她疏于照顾。

马琳长叹一声，泪水涌出她的眼眶。她温柔的心几乎要破碎了。

这样的叛逆行为让马琳后退一步，再次想起这些女孩子其实是多么脆弱、内心多么受伤。无论是谁用伤人的言语抨击马琳，都不过是因为她自己很痛苦——非常痛苦。

马琳清了清嗓子，用听上去很严厉的语气说："我希望你们所有人都明白，我已经看到镌刻在餐桌上的艺术设计了。"

"噢噢噢噢噢……"两个女孩异口同声地说，二重唱一般。其他女孩紧张不安地咯咯笑着。

"总之，"马琳继续说，"我刚才已经说了，我看到了，但我觉得这样的词有失公平。"

马琳故意停顿了一下，增加想要达到的效果。过去这些女孩子在与愤怒的成人交流互动时屡屡受伤，她们对即将到来的结果已不敢期待。

"我管理这家机构，却被称为贱人，这不公平。因为，"马琳的脸上绽开灿烂无比的笑容，"史蒂夫跟我参与的一样多。"

这出乎女孩子们的意料。

"所以，"马琳总结说，"如果我是贱人，那史蒂夫也是贱人。"

马琳投向每个女孩的笑容都盛满怜悯。"不管怎样，我都一样爱你们！"她在心中坚定地说。

“史蒂夫是贱人。”新来的女孩轻轻地说。一个女孩咯咯笑了起来，其余的人就加入了她的行列。有人建议把史蒂夫的名字刻在马琳名字的旁边。这一次，所有人都哄堂大笑。马琳戏谑而夸张地大喊：“不要啊！”女孩们便又笑了起来。

那天傍晚走上楼梯的女孩们，已经不是刚刚走下楼梯的她们。即使这些孩子并没有任何过错，其他成年人也认为她们不可爱，对她们很刻薄。而马琳面对她们的抨击和挑战却依然无条件地爱她们。

马琳坦率承认最初几年她恨透了在儿童之家的工作。她的周围时时刻刻充斥着痛苦和愤怒，她的所有努力都遭到了反抗和叛逆。“直到有一天我决定给这些女孩一种她们需要却不曾拥有的东西——无条件的爱。

“我用心去感受她们遭受的巨大痛楚、每分每秒都纠缠她们内心的痛楚。我知道自己无法修复或治愈她们破碎的心，但我可以去爱她们。而她们却突然发生了变化，变得乐于助人，变得善解人意。”

马琳态度的转变影响了女孩子们的行为和整个机构的文化氛围。一个女孩离开，新的女孩进来，就会很快在其他女孩的带动下纠正自己的行为、领悟到相互帮助的重要性。所有这一切都是因为马琳运用了我们在生活中一直听说可以转变一切的力量——爱。

当她被问及如何保持快乐的时候，马琳大笑起来，说：“很多人都因我的快乐而烦恼。我是那么快乐，他们总问我哪里不对劲。”

马琳给出以下几条有关快乐的要诀：

1. 不针对个人。马琳说："面对一件事你可以选择重新定义，用不一样的眼光来看待。若是放在七年前，餐桌事件会让我勃然大怒。好在我已经学会用不同的视角看待问题。这些女孩经常试探别人的底线、发泄自己的情绪，这与她们自身有关——与她们遭受的痛苦经历有关，而与我无关。"

以最大的善意对待他人，不要觉得他们的行为在针对自己。

2. 每个人都有自己的故事。"这些女孩子让我明白这个道理。"马琳承认说，"你遇到这些愤怒、刻薄、可憎的女孩，她们无缘无故打击别人，你就想严厉地批评她们。然而，如果你与她们相处一段时间——你了解到她们的故事，你就会明白那些伤害别人的人其实自己也很受伤。"

3. 在内心寻求答案。"我们总问别人自己应该怎么做，而不询问自己、相信自己。"马琳说，"来到儿童之家的每个女孩都与众不同，我要相信自己的内心，引导自己找到与每个女孩相处的最佳之道。"

八年之后，马琳和史蒂夫的两个儿子已经长成青少年，他们就搬出了儿童之家。马琳返回校园，取得了咨询学位和社会工作硕士学位。如今她依然在儿童之家与孩子们打交道，也与他人打交道。

我问她在改变他人的因素中什么最重要，马琳微笑着说："自古以来最重要的因素从未改变——就是爱。"

格温·莫利雷

快乐是一种福气

Happy Stories!

不抱怨的人生，才有无限可能

两场飓风的毁坏和个人的失败挫折，都没有消磨幸存者高昂的精神。

祝福如恒星般永远闪耀，而诅咒是那浮云——转瞬即逝。

——菲利普 · 詹姆斯 · 贝利

格温的眼前大雨如注，她身后的电视机声音刺耳而响亮，播音员大声说："如果你决定留守，就一定待在原地，现在撤退已经来不及。我再重复一遍，一定要待在原地不要动。"

格温 · 莫利雷，大家都称呼她为格温 · 莫利雷，站在敞开的前门边，双手抓着门框，身体前倾，探入黑夜。

她的丈夫查理不停切换电视频道，似乎在寻找什么，可他自己也不确定想要寻找什么。他只知道世界末日即将来临，不停地切换频道能让他分散注意力，别无他法。

远处响起猛烈的爆炸声，把格温 · 莫利雷吓了一跳，她下意识护住了脑袋。等她觉得不再有危险，就放下双手，爆炸声却再次传来——响亮而恐怖——她又一次抬手保护自己。

2005年8月29日，飓风“卡特里娜”登陆美国，新奥尔良大坝开始决堤。格温·莫利雷听到的爆炸声正是六米多高的堤墙土崩瓦解带来的声响。

格温·莫利雷、查理和他们22岁的儿子雷内尔站在原地，目瞪口呆地盯着门外的黑夜。恐惧让他们的身体无法动弹，而他们的脑海却在一瞬间闪过千千万万种办法，可惜都无法确保他们的安全。

在最不理性的情况下，查理做了一件最理性的事情。他把妻子拉回房间，使劲关上了门。一家人站在水里，惊恐地看着水漫上脚踝。查理不知如何是好，就插上了门闩。

洪水很快穿透外墙，溢满外墙和板墙之间的空隙。如今格温·莫利雷依然能清晰地讲述当时的情形，似乎已经在脑海里重温了千万次，她说：“突然，洪水从房子的每个缝隙喷了进来，顺着我们挂照片的钉眼涌进来，顺着墙上的裂缝涌进来，顺着窗户四周的狭小空隙涌进来——到处都在漏水！”

水位迅速升高，墙内的压力越来越大。很快，更高处的裂缝也开始喷水，把裂缝撕得更大。汹涌的洪水随时都可能冲垮墙壁把他们砸死，或者把房子连根拔起，把他们抛到风口浪尖。

雷内尔从恐慌中回过神，抓起两件似乎无用的物体——一条毯子和一把锤子，把父母推向通往阁楼的门口。格温·莫利雷一路走走停停，抓起相框和相册抱在怀里，而洪水已经漫到她的大腿。

三人沿着楼梯迅速爬上阁楼，心里茫然不知洪水会不会淹到他们的屋顶，自己会不会如同困在沉船上的小老鼠一样被淹死。

事实证明，雷内尔带着毯子和锤子去阁楼是非常明智的选择。毯子让他们避免直接接触让人发痒的阁楼绝缘材料，锤子可以在需要的时候开辟紧急出口。

几个小时后，外面的温度升至三十八九摄氏度，湿度达到百分之七十。

而阁楼里面却变成了湿湿的烤炉。格温·莫利雷几乎要中暑晕倒，雷内尔用锤子在屋顶撕开一个小洞通风。而后这个小洞升级为安全舱口，一家人通过这个洞口爬到屋顶——与新奥尔良市遭受此次飓风重创的众多贫困家庭一样，他们在屋顶度过了五个痛苦难挨的昼夜。

脏兮兮的浑水没日没夜从四周奔流而过，席卷着各种各样的人类财物和遇难者臃肿的尸体，随处可见短吻鳄对人类和动物的遗骸大快朵颐。

在这场煎熬中，格温·莫利雷依然坚定地认为自己很幸运，因为自己还活着，还能帮忙解救一位困在阁楼的 80 岁老妇人，还有食物和饮水维持生命。即使在骄阳无情的炙烤下，格温·莫利雷依然告诉自己她很幸运。

他们爬上屋顶将近一周后，格温·莫利雷再次坚定自己很幸运的念头，因为一架直升机把他们带往了安全地带。

“卡特里娜”飓风之后，格温·莫利雷和家人移居到得克萨斯州加尔维斯顿。在等待新奥尔良和他们的家园重建的过程中，她和查理在加尔维斯顿找到了工作，还得到了一处新房子。这些也让格温·莫利雷感觉到幸运。

然而 2008 年 9 月 12 日飓风“艾克”袭击了加尔维斯顿。飓风再一次卷走了他们的房屋和几乎所有的家当。而格温·莫利雷依然觉得自己很幸运。

她腿部感染治疗无效，医生只好为她截肢来保全她的性命。即便如此，她仍旧把自己视为幸运儿。

她和查理分居离婚，而即使经历婚变她还是认为自己很幸运。

回到新奥尔良的家中，格温·莫利雷雇来重修房屋的承包商卷走她的钱逃跑了。她认真估量了自己的生活，权衡了利弊好坏，最后得出结论自己很幸运。

几个月后，另一个承包商收了格温·莫利雷的钱，却一直不开工。再后来，盗贼像飓风过后的蝗虫一样席卷新奥尔良，偷走了她为重建家园购买的各种材料。诸如此类不幸的事情接踵而至，然而不管什么困难和灾难来到格温·莫利雷的门前，迎接它们的总是她微笑的脸和感恩的心，不断细数自己收到的上帝赐福。

格温·莫利雷的快乐是绝对纯粹的，是坚定不移的。以下是她的快乐秘诀：

1. 细数祝福。格温·莫利雷等待了八年之久终于可以回到新奥尔良自己的家中。她在酷热的夏天搬回来，却发现自家的中央空调机组被偷走了。她唯恐再遭遇盗贼，就一直待在家里不敢离开，等待新的机组送来安装。

整整三周的时间里，格温·莫利雷在高温里受煎熬。她一直心存感激，为自己的生活、自己的朋友、自己的健康、自己的家庭——为一切提升自己生活的人和事而感恩。

在格温·莫利雷看来，生命之杯并不是半满，而是永远满溢。

2. 你比自己想象的更强大。“这么多事情发生在我身上，”格温·莫利雷带着灿烂的微笑说，“我以为自己会疯掉，我以为自己会筋疲力尽，可我却挺了过来。只有历经艰难，你才知道自己有多强大。”

3. 从经历中获益。“最重要的不是你损失什么，”格温·莫利雷建议说，“而是面对损失你做了什么。

“你是否从中获益？那么就不要去想你失去什么，而去想你获得了什么。哪怕你得到的唯有智慧，也是一种收获！”

格温·莫利雷最后总结了自己快乐的缘由，她说：“遇到别人我总是提醒他们要‘过好幸福的一天’。你知道我为何这么说吗？那是因为你和我都是幸运儿，上帝选择让我们今天早上醒来。你知道有多少人并没有收到上帝的召唤？你知道有多少人昨天晚上躺在床上，却无福活到今天？在起床前你已经得到上帝的赐福，因为你还能醒来——永远不要忘记这一点。”

山姆·纳彻姆

刻在石头上的快乐

Happy Stories!

不抱怨的人生，
才有无限可能

一位艺术家把自己挚爱的祖国的美丽分享给整个地球。

世界若有十分美，九分在耶路撒冷。

——犹太法典《塔木德》

山姆·纳彻姆躺在床上，刚从脖颈大型手术中苏醒过来。

那是1994年，山姆37岁，他终于找到一位有能力的医生，能够进行如此复杂和危险的手术。此前医生曾告诫他，手术之后的一年时间他都不可以下床。

在床上躺一年——不管对谁都很困难，而对于山姆来说尤其艰难。

山姆是个实干家，依靠双手工作，创作美丽的彩色玻璃艺术品。他很感激手术的成功，让自己不再遭受无尽的疼痛，然而他觉得躺在床上时间嘀嗒嘀嗒过得太缓慢。

山姆不停切换电视频道，他的三个孩子——十岁的本杰明、八岁的瑞秋和六岁的伊兰在床角嬉戏玩耍。山姆的身体被禁锢12个月，而在此期间他的大脑却变得更加活跃，似乎是以此来弥补身体上的静止。

山姆按着遥控器上的节目上调键，屏幕上的画面快速闪过，他粗略浏览了每个频道。美国有线电视新闻网（CNN）的节目吸引了他的注意力，他就停下手中的换台动作。CNN 上播放的国内国际新闻又是关于他的祖国以色列的。

对于这片充满暴力活动的土地，1994 年注定是一个极度暴力的年份。这一年，有将近 200 名以色列人和巴勒斯坦人丧生，一部分是死于军事行动，其余都是残暴凶狠的个人袭击事件的受害者。

一年之前，中东地区的真正永久和平迎来了希望，以色列总理拉宾、以色列外长佩雷斯和巴勒斯坦领导人阿拉法特共同签署了《奥斯陆和平协议》，推出了巴以和平共存的计划。

1994 年，三人共同获得了诺贝尔和平奖。然而暴力活动依然在继续。

电视屏幕上，山姆看到愤怒的以色列暴民朝全副武装的士兵投掷石块，他为自己的同胞感到心痛。

他深吸了一口气，按下关闭键，把遥控器扔到堆在身旁的杂志上，眼睛盯着天花板，充满忧虑地长叹一声。

他闭上了眼睛，思绪回到了儿时的故乡——以色列马拉查（Malha）。山姆和四个兄弟姐妹生活在六米长六米宽的石屋里，他们的家位于马拉查最贫穷、最暴乱的地带，1994 年这里属于巴以冲突最激烈的约旦河西岸地区。

尽管山姆从小生活在被暴力和死亡包围的狭小肮脏的房子里，

他却一直为自己的家感到骄傲，筑造这座房屋的石头来自他的家庭、他的文化和他的信仰的中心地带。

“这样不对。”山姆说。

“你说什么？”山姆的妻子达娜正好端着一篮刚刚折叠好的衣物走进房间，她不禁问道。

“这样是不对的。”山姆重复说，“不管身在哪个国家，只要你看到有关耶路撒冷的新闻，就能看到暴力。现在人们从新闻里看到耶路撒冷最天然、最美丽的石头却被当作武器来使用。”

山姆稍微左右摇晃身体，让自己躺着更舒服，他第三次说：“这样就是不对。”

达娜轻轻地把洗衣篮放在丈夫身旁，问道：“那么，你想怎样呢？”

“我想对于大部分人来说，尤其是美国人，以色列只是一个饱受战争摧残的遥远的第三世界国家。人们一直听说以色列，听到的却是那里的人们相互残杀。以色列已成为暴力的代名词。”

山姆顿了顿，继续说：“而石头——那里的石头是如此美丽。”

“我也这么觉得。”达娜说。

“我要从以色列进口石头，运到美国来卖。”山姆宣布自己的计划。

他的宣言后来发展为 JerUSAlem Stone（耶路撒冷石）公司。山姆并不知道从何下手，但他和达娜依然立刻启动了计划。山姆躺在床上能做的有限，等他感觉可以起身了就立即下床，开始工作。他们把房子做了抵押，飞赴以色列到处考察采石场。远未恢复的山姆参加各种会议都戴着颈托。很短的时间内，他们就达成了交易，并开始在美国推广耶路撒冷石，用在工作台面、人行道、浴室、壁炉等很多地方。

几年前，许多联合教堂、性灵中心之类的新思想教堂开始一年一度的白石典礼仪式，一般在 1 月初举行。

白石典礼上，每个人都要虔诚地选定一个词（比如：爱、宽恕、谦卑、快乐等）作为自己来年的指导原则，这个词会刻在一块白色的石头上，放在显眼的位置以示提醒。

山姆的耶路撒冷石在这个典礼上深受喜爱，每年他都要为此准备 25 000 块拇指大小的石头。他的石头能有如此神圣而具有变革意义的用途，山姆感到很荣幸、很快乐、很自豪。

工作是山姆的全部热情。他与全世界分享自己的创意和对以色列的热爱，如今国际业务已经占到他总业务量的 80% 左右。人们喜爱山姆快乐的存在。

山姆给出三条有关快乐的小贴士：

1. 换个角度看世界。山姆说："每当我听到有人抱怨说今天多么糟糕，我就会说：'如果你现在死了呢？你会用死亡来换这糟糕的一天吗？肯定不会，那么就不要抱怨了——庆幸自己还活着，寻找让自己快乐的方式。'"

2. 允许他人爱你。"很多犹太人会说'我恨德国人'或'我恨阿拉伯人'。他们的愤怒源于当年自己的祖先受到的待遇。可是，现在的德国人和阿拉伯人并不仇恨我们——他们也跟我们一样，希望过去的痛苦随风而逝。这些人有能力给予我们爱，他们渴望给予我们爱。当我们沉浸在对人们过去所作所为的仇恨和愤怒之中，就切断了自己与其他人的联系，虽然这些人与那些残忍暴虐的人来自同一个国家、信奉同一种宗教，但他们并没有同流合污。我们要敞开心扉，因着爱去接纳他们。”

3. 不要只是生存，而是要生活——每一天！“我们只是这个星球的匆匆过客——每一秒钟都弥足珍贵。”山姆说，“如果如此，扪心自问你希望自己生命中的多少时间浪费在生气愤怒上？当你细数生命的每个瞬间，你希望其中有多少充满争论、沮丧和憎恨？

“而我，我希望回首过去，看到的都是快乐而有意义的瞬间。”

山姆道出了所有快乐之人的心声：“快乐是一项内心工程。”

若想培养属于自己的快乐，只要谨记犹太拉比 Yeruchom Levovitz（耶若查姆・莱沃威茨）的话语：“真正快乐的人从不把快乐建基于任何自己无法控制的外界因素之上。”

快乐的语言

在希伯来语中，快乐一词是 simcha（希姆卡）。

杰西·佩利格里诺

快乐是一只温暖的小狗

Happy Stories!

不抱怨的人生，才有无限可能

为了帮助儿子重归正常的生活，她不惜去偷盗行窃。

当一个人义无反顾决定去做某件事，上帝的眷顾就会随后而到。

——威廉·哈钦森·穆雷

露西蹲下身，悄无声息朝前爬行，然后起身透过大双开门上的玻璃朝里张望，里面有她渴望得到的东西。

里面没有人，露西就稍微站直了身体。眼前的走廊虽然空荡荡，但露西知道周围有人——很多人，不过她制订了精细的盗窃计划，尽量避免撞见任何人。她在这栋大楼里住了几个星期，已经了解了这里的节奏，熟悉了这里的例行程序。她知道应该何时出手。

现在是最好的时机。

露西把双手放在右边的门上，慢慢依靠身体的重量朝前推。连接两扇门内缘的橡胶垫无声地分开，露西闪身进入大厅。

她在心里对自己说：我偷窃也不是特别恶劣的罪行，我只是想从医院的老年科偷一把助行架而已。

露西听到工作人员低沉平和的声音，他们在讨论病人的状况报告。她祈祷所有人都参加了会议。

她知道，护士或护工忙于照顾病人，有时会迟到。如果发生这种情况，她就可能被发现，而且她这么晚出现在这个地方似乎很可疑。

露西在第一个房间的门口停下脚步，竖着耳朵仔细听。她没有听到声音，就倾身朝房间看了看，里面没有住人。她蹑手蹑脚走到下一个房间，又听了听，这次她听到有节奏的鼾声。

露西像猫一样无声无息溜进房间。等眼睛适应了房间的昏暗，她就环顾四周，希望能看到可以偷走的助行架。

她转身要离开房间，这时臀部撞到了什么东西。

她用双手摸了摸，低声说了句“发现宝藏”，然后迅速把助行架折叠起来，搬出房间。她自信地迈着大步回到走廊，穿过双开门，乘电梯回到三楼。她的儿子杰西已在三楼住了好几个星期。

如今杰西回忆说：“第二天早上妈妈抱着我的腰，把我拉起来。她说：‘我们开始吧！’我扶着助行架走了两步，虽然只有两步，但我总算可以走路了！”

那时杰西只有19岁，却患上了格林-巴利综合征（GBS）。这种疾病从四肢开始发病，然后蔓延至全身。患者普遍反映身体会有刺痛感，好像双手双脚都失去了知觉，久而久之四肢就瘫痪了。格林-巴利综合征是导致非创伤性瘫痪的头号疾病。

当医生把诊断书交给杰西，全家人都哭了——杰西没有哭。“我还年轻，”杰西笑嘻嘻地说，“我不相信任何人说的话，所以我也不相信医生的话。我知道我还能重新站起来走路。”

杰西的母亲汲取了他自信的能量，很快全身心加入杰西战胜格林-巴利综合征的计划。

医学权威人士告诉杰西，他以后的人生要在轮椅上度过，而且他的身体会非常虚弱，自己根本无法推动轮椅。杰西问经常锻炼上肢保持力量，是否就可以自己推动轮椅。医生的回答是疾病会导致身体逐渐萎缩，再努力健身也是白费时间。

杰西不理会医生的说辞，露西开始偷偷地把哑铃带到他的房间。没人注意的时候，杰西会举举哑铃锻炼臂力，或者和露西相互投掷三磅重的袋子。没过几周，杰西就可以自行推着轮椅在大厅来回走动了。

看到杰西的身体恢复得如此之好医生感到很惊讶，杰西坦言自己在秘密训练。医生鼓励他继续锻炼。

露西对儿子的康复愿景深信不疑，她要求下一步让杰西使用助行架，帮助他完全康复。然而她的要求却遭到了拒绝。

不行，医生发话说，杰西要坐轮椅。锻炼上肢让杰西有力量操纵轮椅，但他大腿以下都会瘫痪，他和家人应该接受这一点。

就是这个时候杰西和露西下定决心，如果医生不给他们助行架，他们就自己搞定，不管用什么办法——哪怕是半夜到老年科行窃。

“我妈妈把助行架藏到柜子里，”杰西微笑着说，“等到确信周围没人的时候，她就会把助行架拖出来，扶我站起来，我们一起练习走路。等我恢复得差不多的时候，我们就展示给医生看。”

医生惊呆了。杰西冲破重重困难，坚持运动和训练，最终可以扶着助行架在医院里四处走动了。

医生还没来得及称赞杰西的恢复进展，露西就冲到医生面前冷酷地说："现在，我们需要一根拐杖。"

这一次，露西不用偷就拿到了自己想要的东西。杰西迅速从助行架转换到拐杖，后来拐杖也被扔到一旁。

自杰西确诊后 12 年已经过去。格林-巴利综合征有 50% 的复发率，但目前杰西一切正常。他和一只小狗居住在纽约的皇后区，每天去社会福利局上班，帮助孩子营造安全的居住环境。杰西非常喜爱自己的工作。

"如果我说 19 岁的我听说自己永远无法走路的时候还感到非常快乐，我就是在骗人。"杰西说，"但是整体上来说，在那之前、自那之后，尤其是现在，我非常快乐。我今天能走路是因为我选择行走。我快乐是因为我选择做一个快乐的人。"

杰西为我们提供了三条快乐秘诀：

1. 沉思至关重要。"时常反思自己的生活，但不要只回想美好的时光，"杰西建议说，"也要温习艰难的时刻，温习自己如何战胜困难。这会让你意识到自己可以战胜一切。"

2. 延续当前的快乐。"是什么让你露出微笑？"杰西问道，"留心让自己微笑和快乐的事情，然后下决心经常去做。"

3. 养一只小狗。"我以前并不想养狗，"杰西诚恳地说，"后来有人送了我一只。很多时候任何人都无法给我安慰，只有这只小狗可以。我回到家心情有些低落，它能感觉到，就会跳上我的膝盖，给我纯真、安全、毫无条件的爱。

“我的心情就会好起来，不再为凡事苦恼忧愁。我重新寻回快乐，这是我最想要的感觉。”

杰西微笑着，又说了一遍：“是的，我最想要的是快乐。”

快乐服务

格林-巴利综合征援助：www.gbs-cidp.org

玛丽莲·吉布森

快乐的真理让你自由

Happy Stories!

不抱怨的人生，
才有无限可能

她勇敢面对母亲，治愈过去的创伤。

魔鬼听见人家说真话，就会羞得无地自容。

要是你有召唤魔鬼的法力，叫它到这儿来吧，

我可以发誓我有本领把它羞走。

——莎士比亚《亨利四世》

玛丽莲驾着汽车登上肯塔基州坎伯兰山脉最高、最宏伟的山峰。一路上四周的风景迷人，而玛丽莲却无暇观赏。这一个多小时她一直沉浸在自己的内心世界里。

玛丽莲·吉布森的母亲露比坐在银色雪佛兰的副驾驶座上，嘴里一直说个不停，完全无视玛丽莲的心思早就飘离她们的对话。

玛丽莲正忙着与自己的内心对话，这样的对话她已经进行过几百次、几千次。在头脑这个安全疆域里，她敢于直面自己的母亲，她坚强有力地面对母亲，不带有任何愤怒和憎恨。在她脑海里上演的对话中，她一直逼迫母亲，逼迫她承认——承认发生在玛丽莲身

上的一切都是真的。

一个神圣的声音在玛丽莲耳边响起：正是现在。她没给自己临阵脱逃的机会，就打开右转灯，把汽车停在一个观景点旁边。

“怎么停在这里了？”露比询问道。她好奇的并不是玛丽莲为何突然停车，而是她的独白为何突然被打断。

玛丽莲开始觉得车厢里有些拥挤和空气有些稀薄。她打开车窗让新鲜空气进来，像吮吸花蜜一样贪婪地呼吸着山里的空气。凭着一股要从望得见地平线的高峰纵身跳下的冲动，她转身面对自己的母亲。

露比有些困惑，不安地笑笑。

飘忽的平静如同暖雾环绕着玛丽莲，她觉得自己站在自由的边缘。不管怎样，她都会获得自由。

“妈妈，”玛丽莲脸上带着真诚的微笑说，“你要是不说你相信我，这车就不往前开了。”

“天哪！”露比喊道，“天哪！你又来了！”

玛丽莲的目光和微笑丝毫没有动摇。

“玛丽莲，你要放手让一切过去。”她的母亲提醒她说，“你已经……多少来着……35 岁了，是吧？应该让它过去了！”

“妈妈……”

露比开始不停地抗议，她的声调从愤怒变成恐慌又回到愤怒，她说：“开车，开车！让我出去。你这是在违背我的意愿扣留我！”

“我没有扣留你，如果你想出去走走，你可以下车。”玛丽莲的声音如镜面般平滑，“我就是告诉你，如果你不说相信我，这汽车就停在这里不动了。”

“我不相信你，”露比呜呜哀诉，“你外祖父是个好人。当年你爸爸远在朝鲜，是他帮我照顾你和你妹妹。”

“妈妈。”玛丽莲柔声抚慰她说。

“那时我天天待在家里，照顾三个女儿！”露比号啕大哭。

“我没有责备你，”玛丽莲继续说，“没有。我只是说你的相信对我很重要。”

“相信你什么？”露比尖声叫喊，她尖锐的声音在汽车狭小的空间里显得尤为响亮。

“相信我说的话，你的父亲——我的外祖父，曾对我进行过性侵犯。我还是个小女孩的时候，他经常猥亵我，一次又一次，有时每天一次。”

露比转动车门把手，吱吱作响，她的双手狂乱地抖动。“让我出去！”她大声要求。

“告诉我你相信我，妈妈。”玛丽莲回答说。

露比开始大哭，悲伤的眼泪变成痛苦的呜咽。她哭得几乎喘不过气来，胸脯一起一伏。

玛丽莲极力克制自己想要安抚母亲的念头，她知道如果自己上去拥抱母亲或者握握她的手，这个良机就飞走了，再也不会回来。

玛丽莲温和地对几近歇斯底里的母亲说：“说你相信我……说你相信我。”

露比一边哭泣一边用手拍打仪表板。玛丽莲如同雕刻大师一般宁静，她鼓励母亲说："说啊，妈妈。"

露比的声音终于低了下来，她有气无力地承认说："他碰了你……可以吧？他碰了你。我相信你。"

"他不仅碰了我，还对我做了更多！"玛丽莲打断母亲的话。

"他碰了你！"露比重复着这句话。这是她能够用在自己父亲、玛丽莲外祖父身上的最强烈的控诉字眼。

"他碰了你，"她又说了一遍，而这一次她的语气轻柔了许多，然后她坦率承认，"他也碰了我。"

玛丽莲看着汽车后视镜，她看到一个单纯小女孩的脸，外祖父招手让她坐在自己腿上。玛丽莲深深凝视镜中自己的眼睛，笑容满面。

一切都感觉像是发生在昨夜，玛丽莲侧身紧握母亲的手。母女二人尴尬地拥抱了一下。玛丽莲发动汽车，汇入车流中。

她觉得自己的伤口——如同不可磨灭的印记一样刺痛灵魂的伤口开始逐渐黯淡，几乎不见了痕迹。她开着车，看了一眼正在擦眼泪的母亲，她不再生她的气，反而对她充满同情，当年那个受到侵犯的小女孩如今变成了她痛苦的母亲。

时隔 26 年后玛丽莲才鼓起勇气面对自己的母亲，开始认真地自我疗伤。认识玛丽莲并知晓这个故事的人很难将二者联系起来。

玛丽莲脸上挂着永恒的微笑，这微笑源自她的内心，从她的眼睛喷涌而出。她整个人闪耀着爱的光芒，让他人不禁做出回应。她是许多妇女的心灵导师，经常指导她们、鼓励她们。她用治愈深刻创伤的自身经历为大家做出典范，让她们相信只要愿意走出创伤后遗症，快乐就等在前方。

玛丽莲说几乎每个人都在某些方面受伤害——或多或少。但无论一个人遭受了怎样的惨痛经历，总有值得谨记的东西能够把你带回快乐之地。她建议我们把以下三条谨记在心：

1. 一切并非你的过错。“性侵者会侵犯别人，”玛丽莲耸耸肩膀说，“并不是只针对被侵犯者本人，意识到这一点就获得了内心自由。”

玛丽莲接着说，不为他人对你做出的负面举动责怪自己，这其中蕴含着无穷的力量。多数情况下，人们的反应是出于他们自身的恐惧和痛苦。如果有人在杂货店对你粗鲁无礼，或者有人在路上与你发生了碰撞，这些都不是你的问题——是他们的问题。要怀着快乐的心情，让一切随风而去。

2. 要相信神灵在背后支持你。自小时候起，玛丽莲就感受到一种充满爱心的存在——这种神圣的力量一直在保护自己。“即使在最黑暗的日子，”她说，“我也从不感到孤单。有种东西……也许是上帝……一直在我身边，我能感知到。那个时候是它让我坚持活下来，而今天也是它让我感到快乐而满足。”

玛丽莲通过祈祷和冥想培养自己与她所谓神灵的联系。

3. 痊愈需要过程。玛丽莲用了数十年的时间才走出了愤怒、憎恨和悲伤，寻找到自由和快乐。“这需要坚定的决心和无比的耐心，”玛丽莲建议说，“然而忘却过去能给你带来伟大的礼物，比如慈悲之心。如今我比以前更富有同情心，是因为我要对自己温柔而慈悲。”

快乐服务

若发现可疑的性虐儿童事件，请拨打 1-800-4-A-Child（800-422-4453）。

第四章 你拥有无尽的潜能

无论过去、现在还是将来，所有表象和你的内在相比都微不足道。

不抱怨的人生，才有无限可能

帕特里克·法南

永恒的快乐

一名小学校长与家人灵犀相通，保持快乐的生活。

突如其来的告别，

将瞬间变为永恒，

生命最后的沙漏灌满悲伤的眼泪。

——拜伦勋爵

帕特里克·法南从睡梦中醒来，翻个身，看了看发出绿色光芒的酒店床头闹钟。时间是深夜一点零七分。

真是奇怪，他心里想。

帕特里克是一名小学校长，来参加教育者大会。他很少在夜半醒来——哪怕是像当天晚上一样睡在陌生的床上。

帕特里克把目光转向天花板，思索着自己的睡眠为何被扰乱。他在脑海里迅速搜寻了一番，自己已经为明天早上介绍大会发言人做好了充足准备，他实在想不起还有什么琐碎的任务需要自己去关注。

他的双脚踏在地板上，打开床头灯，慢慢站起来。他走到窗边，凝视着洒满星光的晴朗夜空。

想到自己的儿子科尔比也在同一片天空下，帕特里克就很心安，哪怕儿子远在 7000 英里之外。他大声打了个哈欠，回到床上。

同一时刻，22 岁的上等兵科尔比·伏尔南正走在巴格达炎热的城市街道上，他被部署在巴格达郊外的塔基营。那一天是他在伊拉克的第五天。

科尔比和其他两位上等兵正在进行右座旅行，同行的是一位即将返回美国的士兵。所谓右座旅行指的是了解周边环境、执行过任务的士兵向新来的同胞分享经验和知识。

四人沿着街道走到一处狭窄的人工灌水渠，四周到处可见被街边爆炸袭击摧毁烧焦的建筑。

科尔比的每一个感官都高度警觉起来。他的眼睛不停地上下左右查看，敏锐关注每一处响动。他看向自己的同伴，他们也一样处于高度警备状态。

“你们感觉到了吗？”那位老兵问道，“你们此刻的感觉——你们是否感受到？兄弟们，千万不要丢掉这种感觉。如果你们不害怕，只能说明你们不够警惕。”

久经风霜的老兵指向一栋建筑，曾经繁华的酒店如今所有的窗户都炸得粉碎，倒金字塔形的烟灰爬满大半个外墙。

“那些放松警惕的人，最后都死了。”他告诫新兵说。

如其他被烧焦摧毁的建筑一样，这家酒店同样遭受了简易爆炸装置的袭击。简易爆炸装置通常由废旧炸弹壳体或其他废料拼凑而成，之所以称为简易爆炸装置是因为它无法自动爆炸，必须有人利用遥控装置引爆。

科尔比和朋友一起往前走，他注意到向南60米之外有个男人目不转睛地盯着他们。乍看上去这个男人与忙碌街道上来来往往的任何一个伊拉克人别无二致，但他身上散发着某种不安。

“这个你怎么看？”科尔比询问老兵说。

“什么？”士兵反问道，转身朝科尔比手指的方向看去。

“那边的那个人……”科尔比的话戛然而止，他举起手中的武器，因为对面的男人把手伸向长袍的口袋——长袍是阿拉伯男人的传统服装。

时间停止了。

这个伊拉克男人那一天非常忙碌。他在黎明前就起床了，把一个简易爆炸装置安放在四英尺高的棕榈树顶。整个早上他都站在那里等待美国士兵走近——走进他的预测范围，但不要走得太近。

他的耐心等待最终没有白费，科尔比和同伴朝着爆炸装置走来。

伊拉克男人肮脏的拇指寻找到藏在口袋里的车库门遥控开关，按下按钮。威力巨大的冲击波以每秒500米的速度向四面八方喷发而出，夷平一切，杀害了40米之内的每一条生命。

科尔比远在美国酒店的父亲帕特里克又一次醒来。他冲了个澡，穿上衣服，打开有线新闻电视台。教皇约翰·保罗二世逝世，新闻台正在颂扬教皇的丰功伟绩，预测他的衣钵传人。

播放广告之前，播音员像是在朗读脚注一样补充了19个字：

"另外，今日三名美国士兵在巴格达巡逻时丧生。"

无论是教皇逝世还是美国士兵丧生的新闻帕特里克都没有放在心上，他关上电视，就去参加会议了。

"他们真的会来敲你的门，"帕特里克说，"一名长官来到我们家，告诉我的妻子迪娜，科尔比死了。之后迪娜的姐姐打电话告诉了我。"

科尔比去世后，一连数月帕特里克和迪娜都沉浸在震惊之中。"她是一名护士，我是一名高级教育工作者，"帕特里克说，"然而我们却不知道晚饭要吃什么。"

一年之前，帕特里克深爱的父亲死于帕金森病。而今，他唯一的儿子被战争夺去了生命。

帕特里克把全部心思放在安慰妻子迪娜和女儿克里斯汀上，并从中寻得慰藉。

两年之中失去两位亲人对帕特里克是毁灭性的打击。又过了一年，死神冰冷无情的双手又伸向他 22 个月大的外孙芬恩。芬恩躺在婴儿床上睡着了，之后再也没有醒来，婴儿猝死症把他的小生命悄悄带走了。

短短 24 个月的时间里，帕特里克先后失去了父亲、儿子和外孙。如此沉重痛苦的事件，又是如此迅疾地一连串发生，会彻底改变一些人的生活。

但却没有撼动帕特里克的生活。

他自始至终是个快乐的人。他也会为失去至爱之人伤心难过，时至今日他依然深深地怀念他们，但不会让死亡消磨自己的生命。

实际上，情况恰好相反。

关于快乐，帕特里克给出以下建议：

1. 相信已故的亲人依然与你同在。每日清晨，帕特里克都会戴上那条纪念芬恩的手链，然后把科尔比的军人身份识别牌拴在自己脖子上。他刻意去感受儿子和外孙的存在，把自己的心思倾注在他们身上。

“他们死了我并不会感到愤怒，”帕特里克说，“我只是让自己相信他们的生命还在继续，依然与我同在。”

2. 让逝者靠近自己的心灵。“我用来衡量自己每日成败的标准是，科尔比和芬恩会不会为我感到骄傲。”帕特里克如是说，“这真的会减轻我内心的压力，让我更加快乐，因为我的注意力转移到了他们是否为我骄傲之上。这让我感觉离他们很近。”

3. 发生的已经发生——寻找有益的一面。起初帕特里克为纪念科尔比种下一棵树，之后又竖起一面旗帜。

后来科尔比的姐姐克里斯汀向家人说起战场十字架的事情。战场十字架又称为阵亡军人十字架，是墓地十字架的象征性替代品，每个十字架 5000 美元。

帕特里克并不满足于只为科尔比一人购买十字架，他和家人每年都组织步行筹款活动，共为阵亡军人购买了 33 座十字架。

“如果不是因为科尔比惨遭杀害，我可能不会做这些事情。”帕特里克面带微笑说，“然而我们虽然失去了亲人，却为很多人带来了一些益处，为此，我感到非常快乐。”

快乐服务

阵亡军人家庭援助：www.uso.org

戈巴尔·比斯瓦

快乐的公民

Happy Stories!

不抱怨的人生，
才有无限可能

男孩和家人在祖国不再受欢迎，经过数十年的艰难挣扎，最后移民美国。

我奉劝诸位留意自己的快乐时光，在某个时刻呼喊、低语抑或默念：

“如果这种感觉称不上美好，那我真不知道美好为何物。”

——库尔特·冯内古特《没有国家的人》

十岁的桑托什·比斯瓦难以置信地盯着父亲，似乎不明白自己刚刚听到的话。震惊过后，桑托什温顺地问父亲：“你是说我明天不能去上学了？”

桑托什的父亲盯着儿子，他的眼中闪烁着那么多的情感——愤怒、恐惧、屈从、怨恨。父亲棕色的大眼睛里涌动着泪花，让桑托什很害怕。

桑托什出生成长在陷于无边内乱的不丹，炸弹爆炸随处可见，年仅十岁的桑托什已经亲眼看见十几个人在暴乱中丧生。

“不只是明天，”桑托什的母亲用手背轻抚儿子的脸颊说，“你以后再也回不到学校了。”

桑托什很茫然，他的目光从父亲移向母亲，又重新回到父亲身上。

盛怒之下，他的父亲把右手里的几张文件揉成一团，似乎要把上面的文字用力扼死。

“看来我们已经不再是不丹公民了。”他的父亲咬牙切齿地说。

“可是……哦……可是我出生在这里，”桑托什辩解了一句，又低声说，“我们都出生在这里。”

长久的沉默弥漫在空气中。桑托什的父亲突然双膝跪地哭了起来，他的母亲冲到丈夫身边，跪下来用双臂搂着丈夫的脖子号啕大哭。桑托什不知如何是好，便随着父母跪倒在地板上。夫妻二人把桑托什和年幼的弟弟妹妹揽到身边，一家人抱在一起很久很久。

那年是 1992 年，不丹政府进行了一次人口普查，然后根据普查结果对国民进行分类。他们收集了每个人的宗教和语言信息以及其他几项被政府列为保密项目的复杂特性，最后每个成年公民都分到一个从一到七的数字编号。

编号为一的人都幸运地列入不丹“最纯粹”的公民，编号越靠近七，公民的资格越有问题。

根据政府的计算方法，桑托什的父亲被列为第七类——最低级别，他的母亲被列为第三类。这种分类结果最终剥夺了全家人的不丹公民资格。

比斯瓦一家和其他成千上万的人一样，被政府指定为不受欢迎者。他们没有公民资格，无权享受公共服务，无权拥有财产。父母遭到停职，孩子们无法去上学。

没有了工作机会，这些家庭开始挨饿，生活变得黯淡、毫无希望。

然后女人开始失踪。

这一切都在“官方程序”的幌子下进行。军队或警察带着搜查证出现在家门口，把一家人带走审问。之后家庭成员会被隔离，男人被释放，女人却被留下。

这些女人从此就失去了影踪，杳无音信——她们的命运无从得知。关于这些被政府带走的妻女到底沦落何处有许多传闻——卑劣下流、荒诞不经的传闻，然而从来没有一位女性能够回来证实或否认这些传闻。

比斯瓦夫妇没有钱，也无法去工作。几周前他们还算得上不丹的富裕家庭，父母都有一份好工作，桑托什和弟弟妹妹的学习成绩都不错。是的，他们生活在暴力遍布的城市，然而久而久之人们对此变得麻木不仁。

而今他们的存在似乎一下子被抹除干净，他们的躯体映照着他们越来越低的社会地位。情况不能再糟糕了，然而却发生了更糟糕的事情。

桑托什的叔叔寄来一封信，说他被迫把祖传的土地卖给了政府。一队人马突然来到这块土地上，一名长官向桑托什的叔叔出示了一份公文。几杆步枪指着他的脑袋，他用颤抖的手签下文件。他得到的钱不到土地价值的百分之一，之后就被政府从土地上赶走了。

这块土地不仅仅是他们祖先遗留下来的财产，更是比斯瓦一家最后的依靠。若是到了不可收拾的境地，他们至少可以卖掉土地，所得金钱和整个大家族分掉之后他们还可以维持生存。可现在他们是真正穷困潦倒了。

就连家庭成员的名字也依照新的移民身份发生了变化。桑托什——原意为“心满意足”——发现自己的名字变成了戈巴尔，在不丹语宗卡中是“牛粪”的意思。

比斯瓦一家不再是不丹的合法公民，就与其他类似的家庭一样被驱逐出境。由于桑托什——也就是戈巴尔——一家说尼泊尔语，他们和 10 000 多名曾经的同胞一起被驱逐到尼泊尔。

尼泊尔突然涌入大批不丹人——他们还没来得及为这些人的到来提供食物和安身之所。临时难民营在尼泊尔丛林中草草搭建起来。这些不为祖国欢迎的不丹人，在异国他乡也被当作不速之客。

而且在尼泊尔，他们也不能去工作，一旦偷偷工作被抓到，就会遭受虐待。即使他们私下找到了工作，所得报酬也只有做同样工作的尼泊尔人所得的十分之一。

戈巴尔和家人在难民营中忍受着疾病、饥荒和污秽，艰难度过了将近 20 个春秋。在这 20 年的时间中，不丹和尼泊尔进行了 21 次双边协议，双方的谈话周而复始地围绕同一个话题——这些难民是对方的问题。

戈巴尔在难民营消磨了 20 多年的生命，却从未丧失自己乐观的精神和对生活的热爱。最后能和家人一起被安置到美国，戈巴尔欣喜若狂。

如今戈巴尔在一家中餐厅做服务生来养活自己和家人——结婚四年的妻子布达和两岁的儿子阿努哥拉，他说：“在美国，只要努力工作，就能获得成功。”

戈巴尔初到美国的时候，还以为会遇到许多快乐的人，却惊奇地发现大多数美国人并不快乐。他觉得每个人都可以更快乐，所以给出了以下三条建议：

1. 不要煽动不和谐的情绪。戈巴尔说：“好像美国人一旦出现问题，就会告诉每个人，而不去找与问题相关的人谈一谈，这样只会让情况一片混乱。而我们家庭出现问题后，会直接解决。”

2. 与孩子玩耍。“如果你遇到问题，就去跟自己的孩子玩耍。”戈巴尔建议说，“孩子们一直很快乐，他们会给你带来不同的视角。当你与孩子相处的时候，所有的哀伤和悲痛都化为乌有。”

3. 不要让问题超过你的快乐。戈巴尔说：“我们有个这样的说法：如果你今天面对问题，明天解决掉，后天就不再有问题。”

至于人口普查为自己指定的名字，戈巴尔决定继续使用。这个名字不只有“牛粪”一个意思，还有“圣山”的意思。戈巴尔把自己早年的生活看作牛粪，滋养了土地，堆积成快乐的圣山。

快乐的语言

在不丹语宗卡中，快乐一词是 semgha（赛木伽）。

克丽丝·弗拉斯科

快乐预测

Happy Stories!

不抱怨的人生，

才有无限可能

她一心一意治疗疾病，获得了健康身体和快乐心情。

每一天，在每一方面，我都变得越来越好。

——埃米尔·库埃

57 岁的克丽丝·弗拉斯科坐在医生的检查床上，双腿悬空。她不停地扭动身体变换着姿势，身下的纸发出瑟瑟的声响。医生随时都会进来，如果运气好的话，她就能知道自己为何一直感觉不舒服。

一切源于 11 个月前的 2007 年 1 月。克丽丝出现流感症状，包括腺体肿胀。医生给她开了抗生素，服用后她感觉好多了。然而只要一呼吸她的肋部就会很疼，咳嗽的时候更甚。疼痛每过一天就会加重一些，渐渐演变成无法忍受的折磨。

医生按照肺炎和胸膜炎为克丽丝治疗，帮助她顺利度过寒假。然而随着新年的到来，克丽丝陷入剧烈的疼痛中。医生为她安排了 CAT（计算机轴向断层扫描）扫描和血液筛查。克丽丝已经习惯了医生建议她进行血液分析，因为十多年来她的白细胞计数时不时会出现小的异常，但一直没检查出什么问题。

克丽丝久久盯着紧闭的诊室门，两下轻快的敲门声把她吓了一跳。医生没等她回应就进来了，手中拿着她的检查档案。

简短地打个招呼后，医生拉过来一把抛光的铬合金凳子，在检查床前坐下，打开了档案。

克丽丝确信这位医生会同之前的几位医生一样，说她的白细胞计数“有点儿低”，不过“尚在可接受的范围内”。然而，他却说了截然不同的话。

“我今天让你过来不是讨论你的血液检查结果，”医生解释说，“而是 CAT 扫描显示你的骨骼有病变。”

之后医生开始使用“癌症”和“化疗”之类的词语。

听起来好严重——非常严重，克丽丝心想。

“有三种可能性——不同的可能性都有相应的治疗方法。”医生继续罗列可能的病症，但他的话语对于克丽丝而言不过是白色噪音，因为他说了那么多词语，克丽丝只选择关注一个词：疗法。

克丽丝心里想，如果有治疗方法，不管怎样治疗，我最后是会痊愈的。

“我们要做一个骨髓穿刺。”医生拔出钢笔在克丽丝的图表上草草写下几笔，“你知道骨髓穿刺是什么吗？就是我们会在你的腰骶上……”

“钻个孔，”克丽丝接着医生的话说，“然后从骨头中提取骨髓。”克丽丝曾陪伴母亲做过骨髓穿刺，她母亲觉得手术过程极其痛苦。

“什么时候？”克丽丝问，她的声音已经从震惊恢复为平静。

“现在。”医生合上档案，站起来说。他弯腰把铬合金凳子推开。

克丽丝感到很麻木。早上她告诉丈夫丹尼斯，自己来医生这里取检查结果。丹尼斯对她这样的话语已经没有任何反应，因为在他们三十几年的婚姻中，他已经听她说过七八次之多。

克丽丝忍着疼痛做完骨髓穿刺，之后自己开车回家。那天晚上她把情况告诉了丹尼斯，两人抱头痛哭。克丽丝第一次亲见许多患有严重疾病的人都会发现的一个现象：很多时候，患病的人必须为了他人而坚强起来。克丽丝并没有因为这个发现而感到悲哀，反而备感鼓舞。

结果出来了，情况并不好。克丽丝患有多发性骨髓瘤——血液癌症。医生制订了治疗方案。

这个词又出现了，克丽丝想，治疗。她再次提醒自己，如果能治疗，就有希望。

“这种疾病无法治愈，”医生说，“不过许多病人能活很久。”

克丽丝和丹尼斯把四个长大成人的孩子召集过来，通知他们克丽丝的病情。待他们听完，第一轮震惊和眼泪过后，其中三人伸手去拿自己的智能手机。

“等等，等等，等等！”克丽丝挥舞着双手大声说。

三个人置若罔闻，继续用拇指按着手机的键盘，一人在发短信，一人在发邮件，还有一人在拨打电话。

克丽丝的口气变得非常严肃，这种口气是母亲——每个家庭中真正握有实权的人——所独有的。“我不是开玩笑。”克丽丝说。

这三个孩子虽然都是30多岁的大人，也都在医药销售领域拥有一份成功的事业，却都像孩子一样把手机放下，尽力讨好母亲。

“可是妈妈，我认识一位医生，他……”

“我有个朋友开创了一种疗法，专门治疗……”

“妈妈，我认识的医生在……”

“你们想找谁谈就找谁谈，”克丽丝继续用女家长的口吻说，“不过我不想听到任何关于我的病情多么严重的话。”

克丽丝依次凝视四个孩子的眼睛，接着说：“也不想听到这种疾病的死亡率多么高，或者治疗方法有多么痛苦，会带来什么副作用。我不想听到其他患有这种疾病的人怎么怎么样——除非他们恢复得很好！我不想听到任何其他谈论，只能谈论我的情况好转。”

没有人说话。

“明白了吗？”克丽丝问道。

“明白了，妈妈。”他们异口同声回答，似乎比刚才还要年幼。

这是六年前的事情了。如今克丽丝依然健在，而且非常积极活跃。与癌症抗争是一场持久战，但迄今为止她的病情正在好转，而且她有决心继续赢得胜利。

目前她已经接受了四次骨髓穿刺术、两次干细胞移植和许多轮化疗。整个过程中，克丽丝的身上不断散发力量和快乐。

克丽丝向大家分享三条快乐生活的秘诀：

1. 关注积极事物，拒绝负面消息。克丽丝希望孩子们尽早明白这一点，所以在他们很小的时候她就用冰激凌引诱他们，让他们坐下来聆听著名作家、演说家金克拉的录音。三个孩子不情不愿地照办了。

几周后，克丽丝接到小女儿蔓蒂五年级老师的电话，老师说："我要跟你谈一谈，你知道今天的公开展示课上蔓蒂带了什么吗？"

克丽丝屏住呼吸，却突然大笑起来，因为老师解释说："蔓蒂带了金克拉的录音带，全班同学都听得很认真——真的非常好。"

2. 找到自己的人生目的。快乐的人都有活下去的理由——生活目的。你要弄清楚自己的人生目的，他人无法支持或理解的决定。你的目的为你所独有，每个人都有自己的目的。

"我的人生目的就是每天开心。"克丽丝说。

3. 清理自己的后院。我们都过于清晰洞察他人需要提高的地方，却对自己的缺点熟视无睹。

"想一想让自己心烦的人和事，"克丽丝建议说，"如果你觉得别人的行为让你恼火，通常意味着你自己也有如此行事的倾向。"

"不要把目光放在他人应该如何改进之上，而应该清理自己的后花园，改变你唯一能改变的人——你自己。"

快乐服务

国际骨髓瘤基金会的网址为：www.myeloma.org

吉姆·雷德蒙

我唯一真正的快乐

两人从六年级开始相爱，彼此分享，一直快乐地生活着。

从来，爱不知道自己的深厚，直到别离的时刻。

——卡里 · 纪伯伦

“道尔曼！沃塔瓦！托耶！”连队书记员飞快喊着名字，听到自己名字的士兵就出列上前领取家信。

吉姆 · 雷德蒙站在队伍中，全神贯注听着，等待自己的名字被叫到。很多时候，他的名字会被叫到二三十次，他就会迅速穿过一群男人接过信，信封上的字一如既往地娟秀。

每次吉姆一下收到那么多封信，他的内心就无比激动，几乎注意不到其他士兵挑逗的口哨、暧昧的笑声和默然嫉妒的目光。

吉姆在登陆日之后的那天降落在诺曼底海滩，他是机动防空分队的一员，哪里需要就支援哪里。吉姆所在的分队负责整个地区，通常一两天换一个地方。由于吉姆和战友们经常迁来迁去，信件总是过很久才能到他们手中。

而这一天，吉姆一次也没被叫到领信。

他在等待的时候，耳中听到某个战友轻轻吹奏一首流行的曲子。吉姆很熟悉这个旋律，伴随着口哨声他的脑海浮现出这首歌的歌词。这首由格伦·米勒和安德鲁斯姐妹共同演绎的流行歌曲讲述的是一位士兵恳求自己心爱的人儿不要跟其他男人坐在苹果树下，恳求她耐心等待自己从战场归来。

吉姆注意到这位士兵站在那里，一只手却背在身后。他稍稍倾斜身体，想看看这只藏起来的手到底在做什么，他看到这位战友的手指交叉在一起祈求能收到自己心爱姑娘的来信，口中吹奏着“我为保卫祖国远走他乡，请你不要辜负我的心”。

此前这位士兵走上前领信，而吉姆却抱怨自己已经两个月没有收到心上人的来信了。“一开始都是这样，”这位士兵提醒吉姆说，“你一直收到信，突然毫无征兆就停了。然后，”这个男人语气沉重地说，“然后过一段时间你就会收到所有男人都不愿收到的信，信上说也许我们需要分开一段时间，或者说我觉得我们只能做朋友，抑或诚实却同样伤人地说我遇到了别人。”

而今，这位士兵却踮起脚尖、伸长脖子期待着连队书记员叫自己的名字。吉姆想起歌中的女人，不知道她是否会听从男友的请求，不会和其他男人同坐在苹果树下。他沉重地长叹一声。

突然，连队书记员抓起邮袋的底部倒过来，使劲抖了抖。邮袋空了，书记员就一言不发地去做下一项任务。

吉姆和其他军人也一言不发地转身，走回指定的任务点。走着走着吉姆就微笑起来，他心中想：今天没有信就意味着明天会收到更多信。吉姆一连数天甚至数周没有收到任何来信了，但他知道玛丽·安记得自己的诺言，她说过会每天给他写信。

吉姆看到刚刚站在自己旁边的士兵走在几步之前，眼睛盯着地面，口中依然轻声哼着那首歌——声音中透着几分祈求。

希望明天他能收到一封信，吉姆一边想一边回到自己的岗位。

这是吉姆来到诺曼底的第 112 天，同样的场景他已经看到过几百次。士兵收到一封信，怀着极大的期待打开信封，却发现爱人把自己抛弃，自己是那么孤独——在成千上万的男人中独自舔舐伤悲，同时还要保持高度警惕，保护自己和众多战友的生命。

吉姆的笑容变得灿烂，他突然想到自己从不担心会收到玛丽·安的分手信。他们注定要在一起。他坚信不疑。她也坚信不疑。无论发生什么事情，他们的爱都永存不朽。

至于那位士兵，吉姆再也没见到过他。他经常想，这个人是否收到了心爱姑娘的情书。而吉姆自己，共收到了 1200 多封情书——离开祖国后每天一封。

1937 年吉姆和玛丽·安相遇在肯塔基州的路易斯维尔。那一年，大水冲毁了吉姆父母的房子，雷德蒙一家搬到城镇另一端，吉姆开始去新学校上六年级。

上课第一天，吉姆好不容易才找到自己的储物柜，他正笨手笨脚摆弄柜子上的暗码，耳边响起了天使般的声音："你就是我的新同桌了。"吉姆转身，眼前是自己有生以来见到的最惊艳、最美丽的生命。

那一天，两个年轻灵魂的心中都燃起火花。吉姆和玛丽·安从

12 岁相遇的那天起就陷入爱河，直到玛丽·安去世那一刻。前前后后，两人在一起 74 年，度过 62 年的婚姻生活。

人类的快乐和幸福大多取决于是否能够维持重要的关系。这段和心爱人的快乐浪漫关系，吉姆成功经营了 60 多年。

如今吉姆已是 89 岁的高龄，他每周打三次高尔夫球，定期环游世界。他很想念玛丽·安，但他依然很快乐，依然感激自己能够和唯一的真爱共度如此长久的岁月。

若想从吉姆身上学习如何成为真正幸福快乐的丈夫，就谨记他关于如何经营快乐感情的三条建议：

1. 讲实话。任何一段关系的基础都是信任，我们信任对自己诚实的人。“很多男人的恋情无法维持下去都是因为缺乏诚实。”吉姆说，“如果你要和一个人共同生活，那他 / 她就应当确信自己能够相信你讲的都是实话。”

2. 对家庭的投资能够获得最高的收益。吉姆和玛丽·安育有三个孩子，虽然吉姆忙于创立自己的建筑事业，但在妻子和孩子们需要的时候，他总有时间与家人一起克服困难。

“如果出现问题，”吉姆说，“我们就一起面对，共同寻找满意的解决方案。因此，孩子们都很快乐。孩子们快乐了，我们的婚姻就少了很多压力，所以我们也很快乐。”

3. 保持积极的心态。吉姆说：“我和妻子遇到过很多挑战，我们会回想以前曾经克服的困难，就相信明天一切都会好起来。

“即使面对艰难困苦，保持积极的态度也会为快乐创造一方沃土。”

吉姆时不时会拿出玛丽・安在二战期间写给自己的信。这些信是用纸张和墨水做成的入口，把他带回当年与玛丽・安分别的岁月。当他再次读起这些信，他的等待不再焦急，因为他知道自己终会回到玛丽・安的怀抱。

吉姆知道，待他和玛丽・安最终再相聚，就再不会分开，他们会永远幸福快乐地在一起。

德米·金

以快乐加冕

Happy Stories!

不抱怨的人生，
才有无限可能

年轻的选美皇后克服重大挑战，让自己和他人更快乐。

没有比快乐更让人美丽的化妆品了。

——布莱辛顿伯爵夫人

“你听到了吗？”20 岁的德米·金低声问母亲帕蒂。

“当然听到了。”帕蒂带着浓厚的感情回答。

“她也是Ⅰ型糖尿病，跟我一样，而且她才刚发现——大约一个星期。”德米说。

“嗯，我听到了。”

“在这么紧张的大事之前得知这个消息会是什么感觉？”

“应该很难过。不过她似乎应付得不错——目前来看。”

“我要去跟她谈谈。”

德米说完就起身朝那个正要离开化妆间的女孩走去。严格来说，这个女孩是德米竞选美国小姐的对手，不过德米从来没把其他女孩视为竞争对手。

她们跟自己一样都是孩子。当然比赛会有输有赢，不过德米觉得选美比赛的过程比较有趣。于她而言，为人和善也很有趣。

这个小女孩正在为选美面谈环节自行排练，透露自己最近诊断出患有Ⅰ型糖尿病。在女孩间的其他竞赛中，选手也许会利用这样的自曝弱点来博取同情，为自己争取赢得比赛的机会。

在这里却截然不同。

美国小姐选美大赛不是甜心波波之类的另类选美，而是展示真我的地方。参赛的女孩不涂脂抹粉，不穿奇装异服，不戴假发，也不会把头发高高地堆在头顶。这些女孩也不会脚穿蛙鞋好显得身材更高大，更耀眼。

美国小姐选美大赛颂扬最真实的美丽——德米有着美丽的脸庞和同样美丽的心灵。

“你真漂亮。”德米追到这个女孩的化妆间对她说。

“谢谢，”女孩回答说，“你也很漂亮。”

德米露出微笑，两人对视了几秒钟。

“我也是Ⅰ型。”德米说。

“真的吗？”女孩惊叫道，“你什么时候发现的？”

“九年前。”德米回答。

女孩微微后退了半步，让自己的视野更宽广，好更全面地审视德米。

“你看上去还不错。”她轻声说，完全没考虑自己的话语会得到怎样的回应。

“我？我好极了！”德米说，“我妈妈开了一间舞蹈工作室，我一直都在跳舞。我想参加选美比赛，结交新朋友。生活太美妙了。”

对面的女孩用疑惑的目光看了德米一眼，似乎带有一丝不悦。德米热情地笑着，伸出手轻轻地捏了一下她的肩膀。

“一切都会好起来，”德米说，“你会看到的。”

女孩恳求地看着德米的眼睛，德米依然挂着微笑，微微点头，两人就分开了。之后的三天，选美比赛逐渐拉开，这个女孩密切关注着德米。她亲眼看到，德米的确是一副“好极了”的样子。

三天后，选美比赛所有的辉煌和有趣逐渐褪去，德米动身回家，带回去比任何对手都要多很多的奖项和荣誉。而另一个小女孩带回家的是远比绶带和奖牌更具价值的东西，德米让她把希望带回了家。

若说德米是个快乐的孩子，无异于陈述一件显而易见的事实。德米总是笑逐颜开，她是那么甜美可爱，拥有热情洋溢的快乐本质，让她与其他十几岁的女孩子比起来是那么独特。

然而这只是德米独特性的冰山一角。提起青少年的终极偶像，她说：“同龄的女孩子大都喜欢单向组合和贾斯汀・比伯，不过对于我——只有唐纳德・特朗普。”

她是认真的。这个生机勃勃的青春期少女最喜爱的名人是地产大亨唐纳德・特朗普。在德米的卧室里，你能看到德米的笑脸和特朗普合成的一张照片，还有一个特朗普真人大小的纸板人像。

若你了解德米的下一个重大目标，你就能明白这个 12 岁的小女孩对唐纳德・特朗普的痴迷。“我的梦想是成为环球小姐，”德米实事求是地说，“唐纳德・特朗普拥有环球小姐评选的主办权，如果我赢得比赛就能见到他了。”

德米喜爱特朗普的另一个原因是："他真的是太酷了，他看到自己想得到的东西就会努力追寻。"

自她出生之日起——甚至在她有意识之前——德米就已经开始追寻。

医生宣称德米活不过一年。她天生没有任何免疫系统，她的身体不会生成任何天然的屏障或抗体，无法抵御许多攻击人类尤其是儿童的病毒和疾病。

医学上这种疾病叫作重症联合免疫缺陷综合征（SCID），不过人们大多称之为气泡男孩症，得名于1976年约翰·特拉沃尔塔参演的电视电影《泡沫塑料中的男孩》。

德米四个月大的时候陷入昏迷，医生预测她只能活几个月——即使用上生命维持设备。没有免疫系统，最普通的感冒也会致病。

之后医生尝试了一种激进的新型治疗方法，德米接受了免疫系统移植。

五年前一个新生儿的妈妈捐献了脐带，医生从中提取了干细胞，然后植入德米小小的身体，干细胞就在她的身体里休眠，随时准备根据需要呈现任何形态。医生对小德米实施化疗，激发她体内的干细胞进行防御，进而重建免疫系统。

整个过程取得圆满成功。然而，化疗破坏了德米的胰腺功能，给她留下了糖尿病。她的手指每天要被刺五次，检查血糖并定期注射胰岛素。更甚者，还有两根针头一直留在她的体内。

"我的屁股上有两个针头——一边一个，"德米带着深深的微笑说，"平时别人看不出来，不过我穿着紧身衣跳舞的时候，就能看到了。”

德米克服重重艰难，让自己快乐地生活。对于快乐，她有三条小建议：

1. 帮助他人寻找快乐。德米在选美比赛时给予小女孩的鼓励，不过是她主动帮助他人寻找快乐的一个例子而已。

德米在她接受治疗的儿童医院开创了一个项目。每个被确诊为糖尿病的孩子都会得到一个泰迪熊和德米亲自写上信念和鼓励的卡片。迄今为止，德米已经送出500多只泰迪熊。

2. 保持乐观的情绪。与其他快乐的人一样，德米也提醒我们，保持快乐是我们自己的职责。“如果我感觉沮丧，”她建议说，“就会戴上选美皇冠和饰带，在屋子里来回走，我的心情就会好起来——听起来有些奇怪，不过真的很有效！”

3. 做真实的自己。不真实的生活会耗尽一个人的快乐，做真实的自己能让你感到舒适。而且，高度自信是快乐生活的关键因素。

德米补充说：“人们不快乐往往因为他们不喜欢自己的样子，或是因为他们努力假装成他人的模样。

“做最真实的自己——这是通往真正快乐的唯一途径。”

史蒂夫·莱蒙斯

神圣的快乐

Happy
Stories!

不抱怨的人生，
才有无限可能

他遭受失去儿子的打击，却努力调整自己，保持快乐的心情。

那些我们以为快乐的人，他们在生活中学会承受苦难，

而不让苦难打败自己。

——尤维纳利斯

“你要是一直这么下去，会出问题的。”史蒂夫带着永恒的微笑警告说。

年轻人无视史蒂夫的意见，继续翻着已经卷角的笔记本。他不时在某一页停下来，然后把本子翻转过来，让史蒂夫及其儿子斯科特欣赏自己的艺术作品。

“兄弟，这个真不赖。”斯科特赞叹道。

“嗯，是……哦，看看这个！”年轻人一边说一边飞快地翻了几页。

“不错，”斯科特说，“爸爸，你觉得这个怎样？”

斯科特的爸爸史蒂夫·莱蒙斯57岁，是位出色的牧师，也是

个出色的父亲。“我觉得都很不错，”史蒂夫说，“你真的很有才华。”

“嗯……谢谢。”年轻人心不在焉地说。他继续翻着笔记本，不断来回转动本子。“这是种天分……我是说，我很努力，我这辈子都在不停地画画，现在我要把我的艺术品变成真正的永恒。”

“这会建立某种联系，”他继续说，“鲜血和墨汁把艺术家和文身的人联系在一起。文身可以永存——这是一种承诺，懂吗？”

年轻人把目光移开了片刻，似乎陶醉在自己职业的高尚之中。之后他的注意力回到笔记本上，说：“而且，兄弟，人们要是喜欢你的东西，就会给他们的朋友看。到那个时候，你就大功告成了，所有人都争先恐后过来找你文身。”

斯科特拉起裤脚露出小腿，一会儿他的艺术家朋友就会用针在上面装饰一番。斯科特的双臂各有一处文身，左边小腿也有一处。现在他想在右边小腿再文一个。

“这么说你这位文身艺术家没有营业执照？”史蒂夫问道。

“我？没有。哦，没有。”年轻人回答说，“你的意思是国家标准那些东西？没。我是个艺术家，伙计——这才是顾客真正关心的，懂吗？而且就因为我不用搞那些执照，所以价格就实惠得多。”

“设计都很漂亮，”史蒂夫转身又对斯科特说，“你已经 32 岁了，也已经文过三次身，所以肯定不需要我的批准了。”

三个人都哈哈大笑起来。

之后的 20 分钟，年轻人继续展示自己的画作，而斯科特想象着自己新文身的模样——完成了，愈合了，看上去超酷。

史蒂夫却有一种隐隐约约的预感，如同看到一丝闪电就知道地动山摇的惊雷很快将来临。闪电的距离可以通过何时听到雷鸣来判断，而史蒂夫不需要等太久就听到了斯科特的新文身带来的雷声。

一根未消毒的针让斯科特感染上耐甲氧西林金黄色葡萄球菌（MRSA）——感染出现在他的臀部。耐甲氧西林金黄色葡萄球菌是一种生长迅速的细菌，抗生素根本无法抑制。这种疾病的治疗过程很漫长，而且极其痛苦。

医生往斯科特的体内植入一个端口，以输入极大剂量的抗生素。医生通过手术打开了斯科特的屁股，把已感染的细胞一一刮去——这是一个漫长、紧张而又痛苦的过程。斯科特淹没在痛苦的海洋里，他在病床上躺了好几个星期，等待手术后的康复。

值得高兴的是，史蒂夫正好是斯科特所在医院的牧师监察员，所以史蒂夫和他的学生以及其他牧师就经常陪在斯科特身边。而且，史蒂夫周末传道的小教堂里的教众也会时不时过来为斯科特打气，与他一起祈祷。

斯科特出院回家了，但不久血液检查发现感染依然在他体内肆虐。他只好再次回到医院，他的屁股再次被打开，外科医生希图切除所有细菌残留。第二次手术和恢复过程与第一次同样痛苦。

最后医生终于释放了斯科特，家庭保健护士定期上门拜访。一天护士为斯科特检查血液后立即打电话给他的医生和父母，她说："情况很不妙，感染变得更严重。"

史蒂夫和妻子珍妮同时来到斯科特家里，想陪他去医院，却发现儿子躺在床上一动不动。

“我们赶紧出发。”珍妮催促儿子。

“不行,”斯科特轻声说,“不行，妈妈。不行了。我，我不行了。”

“你说什么啊，伙计？”史蒂夫大笑着，把手放在儿子的肩膀上，“你恢复得挺好的，现在只是小小的反弹。你会好起来的。”

“不行，爸爸,”斯科特回答说,“很抱歉。我不想再重来一遍——我宁愿去死。”他羞愧地看着地板，再次说了一句:“我很抱歉。”

史蒂夫和珍妮望着对方。他们能够一声令下就让儿子按照自己意愿去做的日子早就一去不复返，何况这从来不是他们的风格。

史蒂夫在医院与各种家庭相处了几十年，他知道一个人决定自己身体健康情况的权利是神圣不可侵犯的，哪怕这个人选择放弃为生存继续奋战，哪怕这个人是自己的儿子。

那是 2011 年 10 月 4 日。第二天下午一点钟，斯科特在房子四周走了走。四点钟，他就去了。他的身体已经腐烂，自初次诊断到他去世不到 90 天。

史蒂夫和珍妮·莱蒙斯的悲痛仍在持续，但史蒂夫立即指出:“我真的觉得自己活得很快乐。即使经历了我正在经受的苦痛，我依然很快乐。”

那个用受污染的针头为斯科特文身的年轻人最近被逮捕了，因为又有一位顾客出现了严重感染。但是史蒂夫对这个年轻人并无仇恨和敌意，而是选择快乐生活。

他给出三条快乐的建议:

1. 培养积极的精神。“我从未为斯科特的疾病和去世而责怪上帝，”史蒂夫说，“上帝总是为所有发生的事情背负人们的指责。”

在与病人打交道的过程中，史蒂夫评估病人的一项准则是这个人相信上帝是充满爱心的、毫无偏见的，还是暴躁愤怒的。

“越是用积极的目光看待上帝，”史蒂夫说，“越有可能康复。”

2. 学而不厌。史蒂夫曾想重返校园攻读教牧辅导博士学位。斯科特去世后，他考虑继续学习。后来，他终于意识到自己从学习本身获得了极大的快乐，就选择继续下去。

史蒂夫说：“我们应该不断学习，不断成长——这会让我们热爱生活，这会让我们一直快乐。”

3. 关注积极的一面。每当史蒂夫和珍妮谈到斯科特，他们不会悲叹再也无法与儿子相处，而是回忆曾经与他共度的美好岁月。

“我们有太多关于斯科特的美好回忆，”史蒂夫最后说，“我们选择关注这些。”

丹·墨菲

快乐视野

Happy Stories!

不抱怨的人生，
才有无限可能

盲眼男孩克服重重困难，成为广播名人。

世人不尽相同，有人看得见，有人看不见，但盲与不盲并不在于感官，而在于是否充分利用感官，在于能否在感官之外凭借想象和勇气寻求智慧。

——海伦·凯勒

“闭上眼睛，宝贝。我们给你加点儿气——就像在加油站一样。”护士对丹轻声说，带着南方人慢吞吞的拉长调子的语气。

年幼的丹很想跟着护士重复这句话——连语气也模仿得一模一样——不过他知道这样很不礼貌。护士把橡胶麻醉杯举到丹的小脸上方，为他右眼的又一次手术做准备，丹就明白接下来会发生什么。

他闭上眼睛。对于他的大脑而言，睁开眼睛和闭上眼睛并没有太大的区别。波浪般的感觉传遍他的全身，他就睡着了。

那时是 1960 年，丹身处佛罗里达州基韦斯特的一间手术室。对于年仅五岁的丹而言，那是他右眼的第五次手术。丹出生时双眼先天性白内障，右眼还患有青光眼。青光眼正向他的左眼扩散，所以医生要移除他的右眼。自那之后，他的右眼就开始佩戴义眼。

丹的视力障碍根源于他母亲怀孕三个月时感染了风疹。通常情况下，感染风疹的孕妇生下的婴儿会双目失明、双耳失聪，还会有严重的智力缺陷。幸运的是，丹从始至终面临的只是视力问题。

医生预测说丹只能看到普通孩子眼中的十分之一。丹的视力可能永远无法恢复，不过只要他小心用眼，就能维持现有的微弱视力。

如果年幼的丹从小就完全失明，也许他会更容易适应社会。然而他却被困在一个介于光明和黑暗的世界，这个世界几乎被黑暗所统治，而那一丝光亮却逗弄着他，让他想跟其他孩子一样生活。

丹极其渴望去做同龄男孩认为理所当然的事情，尤其渴望能像哥哥约翰那样玩棒球。约翰在丹的脸上看到了哀伤，他站在茂盛橡树的树荫下，脑袋慢慢左右转动，似乎在寻找最佳的角度，来弥补视力的不足。

“喂，丹！”约翰一边喊，一边走出赛场，“来给我们当裁判。”约翰的邀请激起了其他男孩的不满，约翰用目光制止了他们烦躁的抱怨声。

丹的心跳加速，他循着哥哥的声音快步走去，小心翼翼避过容易绊倒自己的柏树根和散落的碎片。

约翰把弟弟领到接球手的身后，接球手圆圆的身体可以起到保护作用。之后的一个半小时比赛顺利进行，丹站在佛罗里达州潮湿闷热的天空下喊着投球和击球，虽然其他男孩子因为他判断失误而忽略他的口号。

无论是无力地站在本垒身后还是在学校与其他孩子相处的过程

中，丹的独特都会让一些人感到不自在，很多人很自然地无视他的存在。他渐渐长大，开始缩回自己的保护壳中。别人不主动找他说话，他极少开口，很快他习惯了在众多社交场合隐退到背后。

丹很少说话——他只要一开口就会出现尴尬的结巴。他脑海里的话语像时代广场大厦的灯光一样清晰顺畅地流淌，可对于他的嘴巴而言却流淌得太快——他轻柔的辅音还没有说出口，其他人就接过话去让丹免于尴尬。

丹几乎完全失明，而不认识他的人听到他讲话都会觉得他智力迟钝。医生建议把他送到盲人收容所，至少在那里他能学到一些技能——比如装信封——好让他余生有事可做。

所幸丹的父母不愿意把他送到收容所，他们想尽办法帮助丹在学校与其他孩子和睦相处，还使用大型打字机把丹的阅读作业重新打印出来。

由于没有几个朋友，能参加的活动也很有限，丹就经常听广播。梦想开始在他心灵深处萌生，他对那些在广播电台工作的男男女女产生了兴趣。这些人似乎总是很开心，以后能成为音乐节目主持人会很棒。

梦想太宏伟，让他感到有些羞怯，他大声说："好的，好……运！"

丹并不知道广播电台里面是什么样子。其实，他也不知道自己的家里是什么样子。可是每到深夜他关上收音机，就开始想象自己坐在真正的广播电台里。这样不是很好吗？他心里想。

孤独中的丹不仅收听当时著名电台播音员的节目，还开始模仿他们。当时的丹只有十几岁，他半握着右手放在耳边来捕捉自己的声音，一遍遍播报天气预报和体育新闻，模仿采访名人嘉宾。

后来丹发现一件有趣的事情。如果他把人们逗笑，别人就会注意他、认可他，而且不会带有任何恶意和威胁。于是他从班级弃儿变成了班级活宝。

他读完高中后考进大学，大学一年级他差点儿考试不及格，因为他总是待在校园广播台里。为了朗读电台脚本，他戴上隐形眼镜和厚厚的镜片，然后把打印稿贴近左脸——距离眼睛仅有几毫米。通过各种秘密手段，丹终于可以在电台广播，他的节目听上去信手拈来，亲切而又有趣。

如今，那个盲眼男孩丹——结结巴巴、迟疑不决的丹，似乎注定要在盲人血汗工厂度过一生的丹——摇身成为西雅图 KIXI 电台的项目总监、营运经理和重要主播。

丹的婚姻幸福美满，他和妻子琼一起观看世界。丹做过许多事情是视力正常的人也不敢尝试的，譬如沿着大峡谷漂流而下、徒步穿越亚马孙雨林、探索胡夫金字塔。无论是丹自己还是认识他的人，都说他是个非常快乐的人。

丹用阳光一样灿烂、蜂蜜一样甘甜的悦耳声音向我们广播三条幸福秘诀：

1. 用自己的时间丰富他人的生活。“我的工作是让他人的生活更加愉快。如果他们心情不好，也许我可以把他们逗笑、为他们播放音乐，他们的心情就会好起来。看到自己的努力让他人快乐，我就会很快乐。”丹说。

2. 笑口常开。丹发现笑声能够在人们之间建立沟通的桥梁。“有时候人们看到我会觉得有些不自在，我就会对他们露出灿烂的微笑，主动提及他们避而不谈的话题，我们就会同时放声大笑。我会说：‘嘿，你有没有觉得我的视力有问题？’笑过之后，他们就明白我对自己的样子很坦然，他们的心情就放松下来了。”

3. 寻找微笑的理由。丹 16 岁那年参观了纽约第 4 频道。“我亲眼看到著名的泰德·布朗做节目。自那之后，我的微笑就从未停止。我找到了让自己快乐的事情，而今我以此谋生。我找到了自己微笑的理由。

“我相信每个人都具有某种本领，能让自己微笑，也能以此为生并服务他人。”

快乐服务

美国盲人联合会：www.afb.org

约翰·格拉德

在快乐中成长

Happy Stories!

不抱怨的人生，才有无限可能

作为一名地产开发商，房地产泡沫的破灭并没有浇熄他的快乐。

凡杀不死我的，都让我变得更加坚强。

——弗里德里希·尼采

约翰·格拉德高大而肌肉发达的身躯躺在健身房的举重床上，他朝上挪了挪身体，把胸口正对住沉重的杠铃。

约翰的肘部慢慢沉向地面，努力伸展胸部肌肉。他深深吸了一口气，吐气的时候把双臂交叉横抱在身前，闭上了眼睛。

在脑海里，约翰回到了 30 年前。他站在木制舞台上，十几盏聚光灯齐刷刷照在他身上，光辉耀眼。数百名粉丝不断催促着，竞争对手也在大声呐喊。1983 年北卡罗来纳州健美先生花落谁家还悬而未决。

约翰把回忆快进到宣布获胜者的时刻。主持人宣布新一届冠军的诞生，约翰听到了自己的名字如同子弹一样飞进耳中。经过多年的训练，他终于成为整个北卡罗来纳州的最佳健美先生。

这种往昔的胜利滋味约翰又品味了片刻，他感到一股自信冲上心头，全身的能量开始爆发。他睁开眼睛，伸手握住沉重的杠铃。他深吸一口气，毫不犹豫地把杠铃向上推去，直到杠铃脱离了卡槽。他完成了一组完美的仰卧推举动作，然后把杠铃放回架子上。

约翰站起来，紧紧收缩自己的胸肌，增加流向胸部的血液，排出适才胸大肌产生的硝酸。约翰看着镜中的自己。他的身体通过举重训练不断生长健壮，而他的心灵却在面对生活沉重的挑战时不断成长发展。

2006 年，约翰的生活一路攀升。他婚姻幸福，育有三个儿女。他从房地产销售做到开发社区、建造家园，事业蒸蒸日上。

约翰居住在北卡罗来纳州的新汉诺威县——这座宁静美丽的小城东临大西洋白色的沙滩和幽深蔚蓝的海边，西接历史悠久的威尔明顿市和雄伟壮丽的开普菲尔河。

一年的时间，新汉诺威县的地价飙升了两倍之多，均价从 5 万美元暴涨到 12.5 万美元。

约翰占尽了天时地利。他凭借银行贷款开发了 300 多套住房。这项投资确定无疑，因为挂牌出售后，短短几个月的时间就有一半的住房签了售房合同。他的资本净值激增至 1100 万美元。

约翰筹划着把道路建设和排水管道运营纳入自己的开发项目。然而这项工作并未如期开展，因为县政府官员对排水管道建设下达了一年的禁令。约翰只好坐等日历一天天慢慢翻页。

在这 12 个月的等待中，他为即将开展的工程做好了各项准备。他增加了人手，购置了设备。排水管道禁令一解封，他就冲出门去，不停地建设、建设、建设。

“突然房市就倒了。”约翰摇着头说，脸上带着温和的微笑，“我们已经跟建造商签好合同，均价 11.5 万美元。十个月后——砰！地价跌了 65%！我签了 125 份合同，”约翰叹口气说，“都打了水漂儿，一份也没做成。”

银行取消了约翰的土地赎回权。他走投无路，只好解雇了 35 人的团队，取消了与所有分包商的交易。约翰遭受的这场冲击波夺去了 300 多人的工作。

房地产市场继续下行，约翰努力维持局面。突然有一天，证券交易委员会的律师打来电话，询问他是否听说过麦道夫这个名字。

这个名字很快成为全国头条新闻。身为前纳斯达克主席的伯纳德·麦道夫制造操纵了庞大的“庞氏骗局”，伪装成合法营利的对冲基金。

房市崩盘之前，约翰的存款已经达到七位数。麦道夫卷走了约翰的每一分钱，还从许多像约翰这样的人身上骗取了几十亿美元。

约翰和家人原本居住在海边 400 多平方米的房子里，如今却无家可归。房子、帆船、汽车、摩托艇、珠宝首饰———一切的一切都被清算。他们只好不时造访当地的寄售商店典当仅剩的衣物。整个夏天，他们在各个亲戚家来回漂泊。

约翰觉得身上的重担随时都可能把自己压垮。

失去一切后，约翰一度病得很严重，腿上出现两处血凝块，膝盖严重葡萄球菌感染。然而经历所有这些之后，约翰依然很快乐。

虽然生活的重负压在身，他坚信终有一天会取得胜利，依然保持高昂的情绪。

对于如何在逆境中寻求快乐，约翰给出以下三条建议：

1．锻炼——身体和心灵。约翰说："运动员在其他生活领域也很成功，因为身体训练也强化了他们的心理。心理不坚强就无法举起沉重的杠铃——你会被压垮。首先你的头脑要准备就绪，然后你的身体才能到位。"

经常运动让你的内心变得强健，给予你身体和精神上的力量。这是快乐的基本要素。

2．接受现实。"历经生活的剧变会给你带来两种可能，"约翰评述道，"要么让你更明智，要么让你更痛苦——结果如何全在你自己的选择。"

"智慧源于接受自己无法改变的事实，"约翰援引一句著名的祈祷说，"接受现实并不代表放弃。事情依然有望改变，只是你不再坚持追求不同——现实就是如此，你要坦然接受。"

3．选择性地重温过去。面对艰难，约翰会闭上眼睛回忆过去的成功和快乐。他在心中无限放大这种感觉，让自己完全沉浸其中。

"这是通往快乐的特快列车。"约翰说，"我儿子赢得一场重要的足球赛，第二天早上醒来他告诉我这种感觉特别美好。所以我让他牢记这种感觉，日后心情低落的时候要经常重温。"

约翰耸耸宽大的肩膀说："人们大都会一遍遍回放过去糟糕的

经历——这样并不能让你的心情畅快。

“而是要回想美好的感觉。重温你的初吻、重大体育胜利、坠入爱河、孩子出生——不管是什么回忆，都会让你的心情大好。

“当你的心情低落，当世界的重负压在你的肩头，强迫自己重温美好并非易事。然而正如举重一样，只要你在心理上进入状态，你的身体就能做到！”

如今约翰选择重新开始，回到 20 年前的房地产销售行业。关于未来——时间会给予证明。约翰依然胸怀梦想，依然有毅力取得成功。

能否再成为千万富翁，约翰并不放在心上。他拥有金钱买不到的东西：快乐。

朱迪·高伦

快乐的尾巴

Happy Stories!

不抱怨的人生，
才有无限可能

一个特殊的临终关怀志愿者把快乐带给病人和家属。

最后一天带来的并不是消亡，而不过是地方的变换。

——马尔库斯·图留斯·西塞罗

普雷斯顿停下来向疗养院接待处的志愿者打招呼。每个人都对普雷斯顿露出微笑，它也回以微笑，然后转身走向大厅。这个地方它已经来过无数次，十分熟悉。

它一边走一边左右看。到处是它熟悉的面孔、熟悉的场景和熟悉的气味。

普雷斯顿是个退役运动员，如今在疗养院和临终关怀中心做义工。它的主要工作是为即将离世的病人服务，而今天它来访的目的只是单纯地从一个病房走到另一个病房，为里面的病人送去爱心和鼓励。

普雷斯顿很喜欢这么做。

它看到前面有个年轻男子瘫坐在轮椅上，似乎睡着了，而他的中年母亲不慌不忙地推着轮椅走向大厅。

普雷斯顿之前并未见过这个年轻人，于是便走过去停在他面前。年轻人的母亲向普雷斯顿致意，而年轻男子却像盲人一样伸出手来。当他的手触碰到普雷斯顿的耳朵，笑容在他毫无生气的脸上绽放开来。

“队长？”年轻人梦呓般问道。

他母亲听到儿子的声音大吃一惊，弯下身子等他再说一遍。她儿子的手滑过普雷斯顿的脸，揉了揉它的下巴。

不出所料，普雷斯顿伸出舌头，舔了舔年轻人的手，快乐地摇着尾巴。

普雷斯顿是一只浅黄褐色的赛狗，体格相当庞大，大约有 100 磅重。朱迪·高伦和丈夫卡尔从灵缇犬救助中心收养它的时候，它已经五岁了。就赛狗运动的标准而言，它已过壮年。

如今普雷斯顿定期陪着朱迪给濒临死亡或完全丧失行动能力的人带去爱的关怀。

年轻人抚摸着普雷斯顿强壮的脖子，又喊了一声童年时代陪伴自己的那条狗的名字：“队长？好孩子，队长，真是个好孩子。”普雷斯顿用鼻子把年轻人的手拱到耳朵上，它喜欢人们抚摸自己的耳朵。

年轻人的母亲倾下身抚摸普雷斯顿毛茸茸的脑袋，她的眼泪掉了下来。过了片刻，她拥抱一下儿子，擦干眼泪，继续推着轮椅慢慢朝大厅走去。

这个年轻人再也没有睁开眼睛，当天晚上就去世了。他最后一次有意识的亲密联系是源于普雷斯顿无条件的爱。

自从朱迪志愿承担临终关怀中心的行政工作，她就开始了在这里的服务。她热衷于临终关怀的使命，坚信每一个从这个世界向下一个存在阶段过渡的人都应该得到爱和支持——无论下一个存在阶段到底是什么。

朱迪决定把自己对临终关怀中心的贡献更加人性化，她想直接服务于中心的病人。这种想法让她很动心，却也有些恐惧。而普雷斯顿为她架起一座桥梁。她听说有些项目向狗授予到护理机构探望的资格，就带普雷斯顿做了授权。

“普雷斯顿出色地通过了考验，”朱迪说，“它沉着从容的风度非常适合这项任务，而且它听从一切指令——只有一个例外。”

与所有生来就为了在赛道上奔跑的灵缇犬一样，普雷斯顿无法听从“坐下”的指令。灵缇犬幼崽受到的强化训练使得它们的四肢格外发达，长大后就只能站着或躺下，而不会坐下。

朱迪开始带着普雷斯顿四处走动，看望病人。她发现有狗在场的时候人们更容易敞开心扉。很少有人讨厌狗，而对于那些爱狗的人，狗会让他们马上想起自己的童年。坚忍的成人在狗的面前变得温和，变得坦率单纯。

对狗的喜爱是将人们联系在一起的共同纽带。带着普雷斯顿到护理中心拜访病人和家属让朱迪体验到许多欢乐，拜访之后她总是心情飞扬。

“可是，天天跟生病垂死的人相处会不会很沮丧？”朋友经常这么问。

“实际上正好相反，”朱迪说，“与即将去世的人在一起是一种荣幸。我从中得到了极大的满足，我喜欢为提高人们的生活质量做些事情。”

朱迪是个真正快乐的人，她发现以下三点有助于得到快乐：

1. 奉行慈悲。“我觉得慈悲与快乐有很大的关联，”朱迪说，“当你与身处痛苦中的人在一起，你能感受到他们的痛苦。你全心全意希望他们能够快乐，于是你——你自己便感到更快乐。

“我知道当我们走进病房的时候，普雷斯顿才是他们真正想看到的，”朱迪说，“但我能参与其中，就觉得极其珍贵。”

2. 培养自己的快乐。如果一件事情能带给你欢乐，就专注于此，并努力延续这种感觉。人们通常过于关注错误的东西或自己恐惧的东西，而让美好的经历白白流走却鲜少注意。

“要想成为一个专注于美好事物的人需要极大的努力，”朱迪说，“不可能一蹴而就。不过只要你持之以恒，就会变成一种习惯——快乐生活的习惯。”

3. 做自己热爱的事情。“如果你喜欢缝纫，就去缝纫。”朱迪说，“很多人不愿花时间寻找自己的爱好；就算他们知道自己的爱好，仍然不愿花时间去做这些让自己快乐的事情。

“每个人都会有让自己感觉良好的事情。对我而言，这件事情就是服务于那些处于生命过渡期的病人。你的呢？”

经过五年半慷慨而充满爱心的服务，普雷斯顿腿瘸了。灵缇犬很容易患上骨癌，X 光检查结果显示骨癌已经破坏了普雷斯顿的臀部。它每次试着走路的时候，朱迪都能看到它眼中的痛苦。

止痛药和类固醇无法减轻它的痛苦，朱迪和卡尔决定让普雷斯顿上路。他们把一名兽医请到家里。普雷斯顿应该得到每个临终病人应得的爱和关怀。

他们喂了普雷斯顿一片药让它安静下来，然后用毛毯把它包起来放在温暖的壁炉前。朱迪和卡尔爱抚它、亲吻它。舒缓的背景音乐静静流淌，夫妻二人向即将离开的朋友表达了心中的爱。

所有的仪式完毕后，医生给普雷斯顿注射了药剂。朱迪和卡尔紧紧拥抱，为这只了不起的狗哀悼，同时也庆祝它获得了新生。

或许真的有天堂。如果如此，天堂里会有许许多多的老朋友等待普雷斯顿的到来。他们离开尘世的时刻，普雷斯顿陪在他们身边，而今他们欢迎普雷斯顿进入另一种生命。也许，只是也许，普雷斯顿此刻就在天堂，摇着尾巴，等待我们去与它相会。

凯茜·奎因

快乐报道

Happy Stories!

不抱怨的人生，
才有无限可能

一名电视台记者与观众分享快乐——赢得人们的喜爱。

我渴望得到一颗心……因为脑子不能使我快乐，快乐是世界上最美妙的东西。

——莱曼 · 弗兰克 · 鲍姆著作《绿野仙踪》中铁皮人的原话

“情况本可能更糟糕，对吧，凯茜？”凯茜 · 奎因进入演播室的时候当地新闻主播嘲讽地说。

“当然了！”凯茜脸上的微笑比头顶的舞台灯光更加灿烂，“大雪本来可能有 20 英寸（1 英寸 =0.0254 米），现在才 13 英寸！”她一边大声说一边朝这位同事走去。

“真是个美丽的早晨，”凯茜向前探了探身，熟练地帮这位男同事整理了一下领带，“天地间的一切都是如此安静，街灯映照在白雪上……”

演播室四处传来几位工作人员恼怒的叹息声。主播俯下身用探询的目光看着凯茜的眼睛问道：“真的假的？”

凯茜的笑容更加灿烂，她回答说：“如果你是个消极的人，我今天可不想跟你说话。”

她拉了拉他的西装，让领带端端正正地挂在他的胸前。“但是，”她大笑着说，“如果你是个积极的人，我就跟你说话。”

主播朝凯茜微微点头感谢她帮自己整理领带。“你是不是要谈论这场暴风雪多么好、多么棒、多么美丽、多么奇妙？”他问道，抓起第一分节的稿件朝新闻台走去。

“当然了！”凯茜报以灿烂的笑容。

“我觉得算了，谢谢。”他不屑地挥挥手说。

“随你便！”凯茜咂着嘴回答。

一个助理制片人急匆匆走过，对着手机下达各项指令。凯茜看着这个年轻女人的眼睛咧嘴一笑，对方回以微笑，然后像是从梦中惊醒一样摇了摇头，继续激昂地打电话。

凯茜瞄了一眼挂在墙上的时钟，时间已是凌晨四点十七分。为确保工作人员在刺眼灯光下的舒适，办公楼配备了大型空调系统，现磨咖啡的香气循着气流在整栋大楼四处飘散。电视台里忙得不可开交，人们东奔西跑，小心地跨过盘根错节的摄像机电缆。

凯茜解开带有电视台台标的沉重大衣，把动物印花围巾从肩膀上抽下来，给自己倒了一杯咖啡。她双手捧着杯子暖手，深深吸入咖啡醉人的香气。她的眼睛与咖啡一样的颜色——也一样温暖满溢。

在这家电视台，凯茜主要负责报道专题新闻和特别事件。那天早上的特别事件就是极地寒流在 15 小时内带来了 13 英寸的积雪。

凯茜再次环顾四周，保证自己向每个人都打了招呼。完成了每天的第一项任务后，凯茜走进任务办公室。

“好了，”她说，“开始吧。”凯茜拿起夹着今晨推荐镜头的剪贴板，与制片人核对了一下，重新穿上大衣、戴上围巾，走向灯光昏暗的停车场。

凯茜深吸了一口气——空气是那么冷，每次呼吸都像要卡在喉咙里一样。“真是让人精神振奋！”凯茜一边赞叹，一边钻进电视台的远程转播车。卡车风挡玻璃上的雨刷不停地来回摆动，发出响亮的嗞嗞声。

摄像师坐在凯茜旁边的驾驶座上，一边等她一边给车预热。凯茜关上车门，他不再发短信，戴上手套，啪地系上安全带。“早上好，凯茜。”他仍然睡眼蒙眬。

“早上好。”凯茜热情洋溢地回答。接着，她出发去报道电线杆倒塌、交通堵塞、航班取消等一切与暴风雪相关的事件。报道的时候她的脸上一直带着真诚的微笑。

每家电视台都希望拥有自己的凯茜·奎因——拥有自己的阳光。

许多电视台都有这样一个独特的角色，用自身的快乐消除新闻报道的负面影响。无论多么有天赋的记者，只要不是真正的乐观，新闻报道就达不到预期的效果。

密苏里州堪萨斯城 WDAF 第 4 频道的凯茜是真正的记者。她有采访报道的天赋，又有真诚而富有感染力的笑容吸引观众。她就像一个朋友，至少像一个热情友好的人——实际上她就是这样一个人。

凯茜并没有特意去报道“正面”新闻。不过她总能找到办法把正能量融入自己报道的每一条新闻。

2002 年，很多人联系她说当地一个牧师涉嫌性虐待的丑闻即将曝光。凯茜接到要求，要向观众报道这个新闻。凯茜是虔诚的天主教徒，报道这样的新闻让她很苦恼。

然而，当她向涉及案件的人了解情况时，她发现当年遭到骚扰的男孩子如今都已经长大成人——而且好几个凯茜恰好都认识。她渐渐深入其中，聆听这些人倾诉心中的苦恼、痛苦和难以启齿。

“我帮助他们把故事公之于众，”她说，“他们就能够得到帮助。其中的很多人从未向别人提及此事。对他们而言，能与人分享并得到他人的帮助和支持对他们的心理健康大有裨益。我报道了这个故事，但并没有破坏我的信仰。”

许多新闻记者的热情会燃烧殆尽。经常报道暴力、强奸、谋杀、自然灾害、贪污腐败、疾病伤痛会让他们的情感不断流失，慢慢啃噬他们的灵魂，最后他们就会举手投降、一走了之。

但是凯茜不会。

凯西有自己的一套方法，不仅利用媒介告诉观众正在发生的事情，同时也向观众宣扬歌颂美好的事物。凯茜主持一档名为“让爱传出去”的常规节目，邀请人们推荐无私奉献的人。她会把爱心人士的故事展现在大荧屏上，并送上 300 美元的奖励。

“这些钱并不多，”凯茜坦诚地说，“但让我们公开感谢了这些让城市更美好的人。”

怎样才能跟凯茜一样快乐？她给了我们三个建议：

1. 超越时间。无论人们何时问起她的年龄，凯茜都会说：“我超越了时间。”

“人们总是很在意自己的年龄，”她说，“其实年龄取决于自己的心态，而不是一页页翻过的日历。”

凯茜曾去应征电影《末路英雄半世情》中的一个角色，这部电影由保罗·纽曼和乔安娜·伍德沃德主演。导演问她：“你多大了？”凯茜毫不迟疑、自信满满地反问道：“你希望我多大？”

她最后得到了这个角色。

2．微笑和聆听。“我的祖母和外祖母一个是爱尔兰人，一个是墨西哥人，”凯茜说，“她们听不懂彼此的语言，却结下了深厚的友谊。为什么？因为她们相互微笑，彼此聆听。”

3．跌倒了马上爬起来。“从不沮丧是不正常的，”凯茜说，“不过我一旦发觉自己有些消沉，就会大声说出自己心存感激的事情——每次都效果显著。”

阿莉莎·布鲁贝克

快乐返校节

Happy Stories!

不抱怨的人生，
才有无限可能

一位特殊的年轻女孩给她的同学和整座城市带来快乐。

从空气动力学来看，大黄蜂是飞不起来的，

但它并不知道这一点，于是就飞了起来。

——玫琳凯·艾施

阿莉莎·布鲁贝克脱掉啦啦队制服，匆匆换上特意为这个重要场合准备的礼服。

阿莉莎的母亲辛迪帮她拉上礼服后背的拉链，后退几步看了看女儿，露出骄傲的微笑。她们站在女生更衣室里，清楚地听到墙外正在激烈进行的高中橄榄球赛。

“你紧张吗？”辛迪问道。

“我还好。”阿莉莎微笑着回答。母女俩拥抱良久，然后紧拉着手朝门口走去。

当她们走出更衣室，球迷的喊叫声、乐队的演奏声、啦啦队的欢呼声、体育场的广播声汇成兴奋的喧嚣，回荡在空气中。

阿莉莎的父亲迈克正站在更衣室外面等候。阿莉莎和辛迪看到他的模样不禁笑了，因为她们很久没看到迈克穿西装了。迈克把一个精致洁白的花环戴到女儿的手腕上，他的眼眶有些湿润。

迈克吻了吻阿莉莎的脸颊，问道："你紧张吗？"

"我还好。"阿莉莎又一次回答说。

三人局促地站了片刻，然后迈克说："该上场了——我觉得。"于是他们手拉手沿着跑道向球场走去，他们的脚能感受到比赛的汹涌澎湃，似乎大地也在随着激烈的角逐不停震动。

阿莉莎、迈克和辛迪走得很快，却不知道自己正走进早已布好的安排。

一切起于几周前，之后迅速发展。有人提出有趣的建议，其他人热烈回应，随后便以星火燎原之势传播开来。学生们的手机里铺天盖地都是有关此事的信息。

数百名高中学生参与其中，却没有让任何成人知晓自己的协同努力。孩子们的计划绝对保密。

当阿莉莎和父母绕过看台，重新来到球场，学生们开始俯身大喊阿莉莎的名字。他们一个接一个喊出自己的祝福。阿莉莎优雅地微笑着，接受他们的祝福，不时停下来向同学们和家长致意。

"其实我很紧张，虽然别人都不紧张。"迈克说，他觉得汗水在顺着自己的后背往下流。

然后好戏就开始了！似乎没有任何暗示，没有人提议，没有点燃火焰的火星——什么也没有。就在那一刻所有球迷都安静下来，停下了上半场一直未断的呼喊。当阿莉莎和其他返校节皇后竞选者一起走上球场，震耳欲聋的呼喊声响彻云霄。

“阿——莉——莎！”他们呼喊，“阿——莉——莎！阿——莉——莎！”

迈克和辛迪环顾四周，一片茫然。

拥挤的人群中，阿莉莎的一个朋友欢跳着，轻声对自己说：“就要实现了，我们成功了。”

参加竞选的所有女孩和她们的家人站在球场上，观众依然在手舞足蹈地大喊阿莉莎的名字。

负责做半场通知的学生会代表走到麦克风前，似乎有些紧张。讲了几句开场白后，他说：“2012 年度帕克山南校的返校节皇后是……”

他停顿了片刻。整个运动场被沉默笼罩，如同大地蒙上厚厚的白雪。人们都期待着最后的结果。

“阿莉莎·布鲁贝克！”他宣布道。

迈克和辛迪紧紧拥抱在一起。人群沸腾了，所有人都站起来尖叫鼓掌。阿莉莎欢欣雀跃，快乐地拍着手。

其他女孩跑过来拥抱阿莉莎，欢乐的泪水打湿了她们的脸庞。就连专程来看比赛的球迷也站起身为新当选的返校节皇后鼓掌喝彩。

当阿莉莎戴上皇冠，她瞥了一眼坐在前排的同学们。这不是阿莉莎一个人的胜利，也是他们的胜利。

坐在前排的学生都是学校特殊教育计划的成员，阿莉莎是他们的同学。她患有唐氏综合征。

阿莉莎是一个奇迹。她不仅自己真正快乐，还坚持为遇到的每个人增添快乐。每天阿莉莎都会向遇到的所有人打招呼，主动去拥抱别人。她热爱生活，她用心去爱别人，因此人们也爱她。

阿莉莎参加了啦啦队选拔，虽然她无法完成一些很有难度的动作，但她用热情和激情弥补了自己在协调性和平衡感上的不足。

如果你去问阿莉莎的同学，他们都会说阿莉莎获得冠军并非因为她身有残疾，而是因为她是真善美和校园精神的完美体现和化身。

阿莉莎加冕返校节皇后之后，当地媒体连续数天大幅报道她的事迹。然而这并不是阿莉莎第一次成为众所瞩目的焦点。

为了号召人们帮助有特殊需要的人群，身穿啦啦队队服的阿莉莎被其他女孩簇拥着出现在宣传牌上。上面提出了一个问题："你如何对待身有残疾的人？"下面的答案是："与对待其他人一样！"

在很多方面，阿莉莎都与其他人一样。她去上学，与朋友们一起玩耍，每周六还会去一家面包店工作几小时。

阿莉莎的与众不同并非因为残疾，而是因为她对别人的爱，因为她总是比别人多一点儿微笑。

阿莉莎说想要变得快乐并不艰难，她给出三条建议：

1. 拥抱他人。"别人伤心的时候，我会给他们一个拥抱，"阿莉莎说，"他们就会感觉好起来，我也会感觉非常好。"

2. 关心他人。每当迈克和辛迪下班回到家，阿莉莎就会问他们很多问题，真诚地关心他们的生活。她记得父母每一个朋友和同事的名字，经常问问他们是否安好。

3. 不焦虑。“人们时刻担心，”阿莉莎说，“其实担心无济于事，所以不要再焦虑。”

在佛教中，菩萨是证悟的圣者，回到人间把爱与慈悲教给世人。不知道阿莉莎是不是善萨。但有一件事是肯定的——她把快乐播撒到所到的每一处。

快乐服务

美国唐氏综合征协会：www.ndss.org

图书在版编目（CIP）数据

不抱怨的人生，才有无限可能 /（美）鲍温（Bowen，W.）著；张永英译. — 长沙：湖南文艺出版社，2015.1
书名原文：Happy stories!
ISBN 978-7-5404-6928-3

Ⅰ.①不… Ⅱ.①鲍… ②张… Ⅲ.①人生哲学—通俗读物
Ⅳ.① B821-49

中国版本图书馆 CIP 数据核字（2014）第 237358 号

著作权合同登记号：图字 18-2014-171

上架建议：励志 • 成功心理学

This translation published by arrangement with Will Bowen c/o LevelFiveMedia, LLC.

不抱怨的人生，才有无限可能

作　　者：（美）威尔 • 鲍温
译　　者：张永英
出 版 人：刘清华
责任编辑：薛　健　刘诗哲
监　　制：蔡明菲　潘　良
特约编辑：尹　晶
版权支持：文赛峰
营销编辑：刘菲菲
封面设计：壹诺设计
版式设计：崔振江
内文排版：百朗文化
出版发行：湖南文艺出版社
（长沙市雨花区东二环一段 508 号　邮编：410014）
网　　址：www.hnwy.net
印　　刷：三河市华东印刷有限公司
经　　销：新华书店
开　　本：880mm × 1270mm　1/32
字　　数：210 千字
印　　张：10.25
版　　次：2015 年 1 月第 1 版
印　　次：2020 年 7 月第 2 次印刷
书　　号：ISBN 978-7-5404-6928-3
定　　价：38.00 元

（若有质量问题，请致电质量监督电话：010-84409925）